W0312614

Hagen Rudolph

Heimbrauen

Für Heike, Marie und Laura

Heimbrauen

Schritt für Schritt zum eigenen Bier

Hagen Rudolph

Der Autor:

Dr. Hagen Rudolph ist passionierter Hobbybrauer und veranstaltet Brauseminare. Er hat bislang zwei Bücher zu dem Thema geschrieben und eine DVD produziert.

Haftungsausschluss:

Alle Angaben in diesem Buch wurden vom Autor nach bestem Wissen erstellt und gemeinsam mit dem Verlag mit größtmöglicher Sorgfalt überprüft. Dennoch lassen sich (im Sinne des Produkthaftungsrechts) inhaltliche Fehler nicht vollständig ausschließen. Die Angaben verstehen sich daher ohne jegliche Verpflichtung oder Garantie seitens des Autors oder des Verlages. Autor und Verlag schließen jegliche Haftung für etwaige inhaltliche Unstimmigkeiten sowie für Personen-, Sach- und Vermögensschäden aus.

Bibliographische Informationen Der Deutschen Nationalbibliothek:

Die Deutsche Nationalbibliothek verzeichnet diese Publikation in der Deutschen Nationalbibliographie; detaillierte bibliographische Daten sind im Internet über http://dnb.ddb.de abrufbar.

Verlag Hans Carl
©2006 Fachverlag Hans Carl GmbH, Nürnberg
Alle Rechte vorbehalten

Das Werk ist einschließlich aller seiner Teile urheberrechtlich geschützt. Jede Verwertung außerhalb der engen Grenzen des Urheberrechtsgesetzes ist ohne Zustimmung des Verlages unzulässig und strafbar. Das gilt insbesondere für Vervielfältigungen, Übersetzungen, Mikroverfilmungen und die Einspeicherung in elektronische Systeme.

Fotos: Dr. Hagen Rudolph
Gestaltung: Wildner + Designer, Fürth, www.wildner-designer.de
Druck und Bindung: frankendruck GmbH, Nürnberg
ISBN 3-418-00806-2
ISBN 978-3-418-00806-6

Inhalt

Vorwort

Unser Bier ist ein Jahrtausende altes Traditionsgetränk. Dennoch hat die arbeitsteilige Industriegesellschaft uns in wenigen Jahrzehnten völlig vergessen lassen, dass wir es selbst brauen können, wie früher in normalen Haushalten üblich. Seit einigen Jahren freilich erobert das Heimbrauen verlorenes Terrain zurück und findet immer mehr Freunde. Schließlich ist es einfach, macht viel Spaß und das Ergebnis erfreut Herz und Gaumen. 1996 erwischte es auch mich. Seitdem braue ich eigenes Bier. Vom ersten Sud war ich gleich so begeistert, dass ich intensiv in das Hobby eingestiegen bin. Inzwischen habe ich zwei Bücher zum Thema veröffentlicht – eins für Anfänger (1999) sowie eins für Fortgeschrittene (2002). Zusätzlich habe ich weit über hundert Seminare durchgeführt und einen Lehrfilm produziert (erst als Video, jetzt als DVD erhältlich).

Einige Rohstoffe und Gerätschaften zum Brauen

Aus Fragen und Problemen der Teilnehmer und Leser sowie der Beschäftigung mit speziellen Aspekten des Bierbrauens ergaben sich im Laufe der Zeit Ideen für Verbesserungen des Verfahrens und Erweiterungen des Repertoires, also eine Menge neues Material. Nach sieben Jahren ist es daher höchste Zeit, ein neues Buch für Einsteiger zu schreiben, welches inhaltlich und didaktisch auf dem neuesten Stand der Erkenntnisse ist. Im Gegensatz zum ersten Buch konzentriert sich dieses allein auf die Vermittlung der Braukunst.

Es ist mein Ziel, Ihnen als angehendem Hobbybrauer solides Basiswissen zu vermitteln, mit dem Sie erste Erfahrungen sammeln, viel anfangen und fast alles machen können. Haben Sie dann einige Sude gebraut und eine gewisse Sicherheit erreicht, können Sie langsam wagen, zu experimentieren und sich um Details zu kümmern. Dabei hilft Ihnen beispielsweise mein Buch für Fortgeschrittene. Aber soweit müssen Sie erst einmal kommen.

Die Fotos stammen übrigens allesamt von mir und zeigen genau das, worüber jeweils berichtet wird (keine gestellten Szenen). Sie sind im Verlauf mehrerer Monate beim Brauen diverser Biere entstanden. Wundern Sie sich also nicht, wenn die benutzten Geräte oder die Farben der Sude zwischendurch wechseln.

Weitere Informationen, hilfreiche Links, Fehlerkorrekturen (hoffentlich nicht erforderlich) und Rezepte finden Sie auf meiner Website.
Eine erbauliche Lektüre und viel Freude mit den selbstgebrauten Ergebnissen wünsche ich Ihnen.

Ihr Hagen Rudolph

Dahlenburg (Niedersachsen), im Januar 2006.

Einführung

Zum Auftakt stellt sich natürlich die grundsätzliche Frage: Was ist Bier, und wie entsteht es?

Nun, Bier ist ein wohlschmeckendes, alkoholhaltiges, spritziges Getränk, hergestellt aus Wasser, Malz, Hopfen und Hefe. Alkohol und Kohlensäure entstehen bei der Gärung aus Zucker. Zucker bildet sich beim Maischen aus der im Malz enthaltenen Stärke. Malz ist Getreide, welches zum Keimen gebracht und dann getrocknet wurde.

Das war auch schon der Brauprozess in der allerkürzesten Kurzform und von hinten aufgezäumt. Aber bekanntlich steckt der Teufel im Detail. Kommen wir also im Rest dieses Buches zu den Einzelheiten.

Viele Wege führen zum fertigen Bier. Für das Selberbrauen gibt es mehrere Verfahren, die ich Ihnen aber nicht alle vorstellen möchte. Stattdessen konzentrieren wir uns auf das meiner Ansicht nach einfachste, das *aufsteigende Infusionsverfahren*. Damit können Sie praktisch jedes Bier herstellen. Sollten Abweichungen erforderlich sein, stehen diese üblicherweise im Rezept.

Sie sollten aber gleich wissen, dass das Bierbrauen etwas Geduld erfordert. Der Brautag selbst dauert mit längeren Pausen etwa sechs Stunden. Während die Hauptgärung mit der Dauer von einigen Tagen noch überschaubar ist, braucht das Bier für die anschließende Nachgärung und zum Reifen mehrere Wochen. Die sollten Sie ihm auch unbedingt gönnen, denn was nützt der Aufwand, wenn das Ergebnis am Ende nicht optimal schmeckt, weil der Trank noch nicht ausgereift ist...

Es dauert also viele Wochen, bis Sie Ihr Bier beurteilen können. Erst dann ist es an der Zeit, zu überlegen, was für den nächsten Sud übernommen (weil gelungen) und was geändert (weil noch nicht nach Wunsch) werden soll. Wie auch immer – Sie müssen die Einzelheiten seiner Herstellung vorliegen haben. Zu dem Zweck empfiehlt es sich, ein Brauprotokoll zu führen.

Tipp

Ein Brauprotokoll, welches zugleich als Leitfaden für das Brauen dient, finden Sie auf meiner Website (www.hagenrudolph.de) als PDF-Datei zum Herunterladen. Dort finden Sie auch eine immer wieder ergänzte Ecke mit Fragen und Antworten zu Sachverhalten von allgemeinem Interesse.

Noch ein wichtiger Hinweis. Gelegentlich empfehle ich in diesem Buch bestimmte Maßnahmen oder warne vor anderen. Mitunter denken Sie vielleicht, dass so ein Fehler oder Problem unmöglich sei. Belächeln Sie selbst scheinbar weit hergeholte Ratschläge besser nicht – sie beziehen sich zu hundert Prozent (!) auf Probleme aus der Praxis, die jeden betreffen können. Mit anderen Worten: Es könnten Ihre Fehler sein.

Meinen Service der „heißen Bierleitung" (Erste Hilfe per Telefon oder Mail) haben im Laufe der Jahre schon viele Leser, Seminarteilnehmer und Kunden genutzt, und so habe ich bereits von den kuriosesten Situationen gehört und dabei helfen müssen. Die Lehren daraus gebe ich gerne weiter. Beim Fehlermachen kennt die Kreativität offenbar keine Grenzen, und so bleibt das Leben spannend.

Und damit genug der Vorrede. Kommen wir nun zu den Rohstoffen und Gerätschaften für das Brauen und anschließend zum Brauprozess selbst.

Die Rohstoffe

Bier besteht aus vier Rohstoffen, nämlich Wasser, Malz, Hopfen und Hefe. Dies sei bereits im Reinheitsgebot von 1516 festgelegt, so erzählt man uns. Stimmt aber nicht. Besagtes Reinheitsgebot spricht lediglich von Wasser, Gerste und Hopfen, nicht von Malz und nicht von Hefe. Auf diese und andere Ungereimtheiten möchte ich an dieser Stelle jedoch nicht weiter eingehen.

Ich wunderte mich früher, wie man aus lediglich vier Zutaten so viele unterschiedliche Biere zaubern kann. Die Antwort ist ganz einfach. Es gibt nicht einfach nur Wasser, Malz, Hopfen und Hefe, sondern viele Wasserqualitäten, verschiedene Malze, zahlreiche Hopfensorten und diverse Hefearten. Hinzu kommen unterschiedliche Brauverfahren. Außerdem wirkt sich jede kleine Abweichung im Brauprozess auf den Geschmack des Bieres aus, und dann verändert sich das Bier auch noch während der Lagerung. Daraus ergeben sich unendlich viele Kombinationsmöglichkeiten, so dass die größere Herausforderung eigentlich nicht darin besteht, verschiedene, sondern gleiche Biere zu brauen.

Wichtig

Hobbybrauer können in der Regel nicht so präzise und computergesteuert konstant arbeiten wie größere Brauereien, die bereits bei den angelieferten Rohstoffen auf gleich bleibende Qualität achten. Warum sollten sie auch? Und so ergeben sich von ganz alleine von Sud zu Sud gewisse Schwankungen im Geschmack.

Wasser

Wasser ist unser erster Rohstoff. Sie werden in der Regel auf Leitungswasser zurückgreifen. Das sieht so klar und unscheinbar aus. Es verbergen sich jedoch gerade im Hinblick auf das Bierbrauen ziemlich komplexe chemische Zusammenhänge dahinter, deren Diskussion unseren Rahmen sprengen würde. In meinem Buch „Heimbrauen für Fortgeschrittene“ finden Sie die Themen Wasserqualität, Wasseranalyse und gezielte Wasseraufbereitung ausführlich dargestellt.

Nicht jedes Wasser ist für jedes Bier geeignet. Das wussten schon die Brauer vor hunderten von Jahren, und so haben sich in verschiedenen Regionen, in Abhängigkeit von der jeweils vorhandenen Wasserqualität, spezielle Biere herausgebildet. Denn ohne Kenntnis der naturwissenschaftlichen Zusammenhänge mussten die Brauer allein durch Versuch und Irrtum herausfinden, wie mit dem vorhandenen Wasser das bestmögliche Bier zu brauen ist, und diese für bestimmte Regionen typischen Biere sind die Ergebnisse dieser langen Prozesse.

Leitungswasser ist unser Brauwasser

Heute wissen wir: Brauwasser sollte möglichst weich und leicht sauer sein. Das heißt, es sollte maximal 10 °dH (Grad deutscher Härte) aufweisen und einen pH-Wert um 6,5. Werden diese Werte überschritten, muss man das Wasser entweder aufbereiten, oder dunklere bzw. obergärige Biere brauen. Dann fallen die Probleme kaum ins Gewicht.

Kompliziert wird die Materie, weil nicht einfach gilt: Je härter das Wasser, desto ungünstiger. Denn die Gesamthärte setzt sich zusammen aus *Karbonat- und Nichtkarbonathärte*. Die Karbonathärte verursacht in der Regel allerhand Probleme, die Nichtkarbonathärte wirkt diesen dagegen oft entgegen.

Meist überwiegt die Karbonathärte. Manchmal dominiert jedoch der Anteil der Nichtkarbonathärte, und das Wasser kann trotz enorm hoher Gesamthärte plötzlich wieder gut zum Brauen heller, untergäriger Biere geeignet sein, wenn auch nicht unbedingt für Pilsener.

Tipp

Wenn Ihre Wasserqualität zu wünschen übrig lässt (deutlich über 10 °dH), dann sollten Sie bevorzugt dunkle oder obergärige Biere brauen. Oder greifen Sie zu einer einfachen Form der Wasseraufbereitung, für die keine weiteren Kenntnisse erforderlich sind: Erhitzen Sie das Wasser (einige Liter mehr, als Sie tatsächlich benötigen) auf 75 °C und lassen Sie es dann stehen. Ein Teil der vorher gelösten Härtebildner (Calciumkarbonat bzw. Kesselstein) fällt aus und sinkt zu Boden. Das darüber stehende Wasser können Sie abziehen und zum Brauen verwenden.

Übrigens sind weder Regen- noch Mineralwasser zum Brauen geeignet. Regenwasser enthält wahrscheinlich Schadstoffe aus der Luft, dafür aber keine Mineralien aus dem Boden, welche die Hefe benötigt. Mineralwasser heißt so, weil es besonders reich an Mineralien und damit besonders hart ist.

Malz

Von den vielen Getreidesorten hat sich Gerste für das Brauen als überlegener Grundbestandteil bewährt. Beste mälzungs- und brautechnologische Eigenschaften weist insbesondere die zweizeilige Sommergerste auf. Sie ist relativ anspruchslos im Anbau, enthält viele Enzyme und trägt besonders gleichmäßige Körner. Sie wird speziell für Brauzwecke angebaut und deshalb auch Braugerste genannt.

In Mälzereien wird das Rohgetreide zu Malz verarbeitet. Der Mälzer bringt es zum Keimen, um die zum Brauen wichtigen Enzyme zu aktivieren, auf die wir noch ausführlicher zu sprechen kommen. Anschließend beendet er den Keimvorgang. Das fertige Malz ist ein Rohstoff für den Bierbrauer.
Malz ist jedoch nicht gleich Malz. Es gibt verschiedene Malzsorten, die sich unterschiedlich dosieren und kombinieren lassen.

Die hellsten Malze werden lediglich *gedarrt* (der Begriff kommt von dörren bzw. trocknen). Je höher dabei die Temperatur, desto dunkler wird das Malz.

Pilsner Malz ist die hellste Sorte, gedarrt bei etwa 65 °C. Aufgrund seiner schonenden Behandlung enthält es noch die meisten Enzyme und ist Grundlage fast jeder *Schüttung* (der für einen Sud eingesetzten Gesamtmenge an Malz). Pilsner Malz wird für Bier nach Pilsener Art ausschließlich, bei anderen Bieren meist gemischt mit anderen Malzen verwendet.

Wiener und *Münchner Malz* sorgen bereits für deutlich dunklere Bierfarben, auch wenn der Laie gegenüber dem Pilsner Malz zunächst keinen Unterschied erkennt.

Diverse Malze (eine Auswahl)

Aus Malzen anderer Getreidesorten als Gerste dürfen in Deutschland nur obergärige Bieren gebraut werden (Hobbybrauer sind von dieser Vorschrift ausdrücklich ausgenommen – aber sie machen sowieso, was sie wollen). Weizenmalz findet unter anderem für Weizenbier Verwendung, meist in Kombination mit Pilsner Malz und anderen.

Rauchmalz wird vor dem Darren geräuchert und bringt das markante Räucheraroma ins Bier. Rauchbier ist vor allem eine Bamberger Spezialität. Sauermalz durchläuft vor dem Darren eine biologische Säuerung. Man benötigt es, um den bei hartem Wasser oft hohen und damit ungünstigen pH-Wert abzusenken.

Röstmalze werden nach dem Darren bei bis zu 250 °C geröstet und erhalten dadurch eine schwarzbraune Farbe, ähnlich der von Kaffeebohnen. Sie sorgen für dunkle Biere. Zugleich bringen sie einen brenzligen Röstgeschmack ins Bier, weshalb sie vorsichtig zu dosieren sind.

Karamellmalze sind größtenteils nicht gedarrt. Stattdessen wird das Grünmalz zur Verzuckerung und Karamellisierung erhitzt. Dabei entsteht das Karamellaroma. Anschließend werden diese Malze bei unterschiedlich hohen Temperaturen geröstet, so dass sie in erheblich unterschiedlichen farblichen Abstufungen erhältlich sind.

Tipp

Weitere Informationen über die Vielfalt an Malzen, deren Spezifikationen, Farben und Einsatzmöglichkeiten erhalten Sie auf der informativen Website der Mälzerei Weyermann in Bamberg (www.weyermann.de). Weyermann ist die Mälzerei mit dem größten Angebot spezieller Malze weltweit, die Hobbybrauer ins Schwärmen geraten lassen und ihrer Kreativität Tür und Tor öffnen.

Vor dem Einsatz muss das Malz grob geschrotet werden. Dafür eine leistungsfähige (und entsprechend teure) Haushaltsmühle anzuschaffen wird sich kaum lohnen. Das macht aber nichts, denn Malz bekommen Sie auch fertig geschrotet im Fachhandel. Es sollte grob zerkleinert sein, eher aufgebrochen als gemahlen. Dabei sollten die Spelzen, das sind die Hülsen der Körner, weitgehend unversehrt bleiben, um beim späteren Läutern dem Treberkuchen eine gewisse Wasserdurchlässigkeit zu verleihen.

Geschrotetes Malz

Tipp

Verwenden Sie Malze zunächst nach Rezept. Dabei sind Abweichungen von den Vorgaben durchaus möglich, solange Sie die Größenordnungen ungefähr einhalten. Mit etwas Erfahrung können Sie dann fehlende Malze in gewissen Grenzen durch andere ersetzen sowie nach Herzenslust eigene Rezepte kreieren.

Malz enthält Stärke, aus der sich während des Maischens Zucker und daraus während der Gärung Alkohol und Kohlensäure bilden. Daher gilt natürlich auch: Je mehr Malz Sie bei gleicher Wassermenge nehmen, desto stärker wird das Bier.

Dunkle Malze enthalten besonders viele Farbstoffe. Je mehr Sie davon nehmen, desto dunkler die Bierfarbe. Da Röstmalze aber auch den erwähnten brenzligen Geschmack ins Bier bringen, sollten Sie nicht mehr als 100 Gramm Röstmalz (für einen 20-Liter-Sud, wenn Sie das Röstmalz gleich mit einmaischen) verwenden. Wird im Rezept eine größere Menge empfohlen, dann schauen Sie aufmerksam nach, wie damit zu verfahren ist. Möglicherweise wird es erst später oder vorübergehend (in einem Stoffbeutel, der nach einer gewissen Zeit entfernt wird) zugegeben.

Wichtig

Der Alkoholgehalt des Bieres wird vor allem durch die Malzmenge bestimmt. Mehr Malz ergibt letztlich mehr Alkohol.
Die Bierfarbe (von hell bis dunkel) wird durch den Anteil dunkler Malze an der Schüttung festgelegt.

Gelegentlich finden Sie in Rezepten auch unvermälzte Getreidesorten, *Rohfrucht* genannt. Sie verändern beispielsweise den Geschmack oder das Schaumverhalten des Bieres. Um negative Effekte zu vermeiden, gibt man sie der Schüttung meist nur in kleinen Mengen von maximal fünf bis sechs Prozent zu. In Einzelfällen kann ihr Anteil aber auch zwanzig Prozent betragen. Setzen Sie Rohgetreide, die der Fachhandel meist *vorverkleistert* (für das Brauen vorbereitet) anbietet, einfach ein, wie im Rezept gefordert.

Tipp

Lagern Sie Malz und andere Getreideprodukte möglichst trocken. Dazu sind die Plastikbeutel, in denen es geliefert wird, bestens geeignet. Geschrotetes Malz sollte bald verbraucht werden, ist zur Not aber mehrere Monate lang haltbar. Neben der Feuchtigkeit schädigen mitunter auch Insekten das Malz. Bei längerer Lagerung können Sie es daher zum Schutz gut verpackt einfrieren.

Hopfen

Hopfen aus der Familie der Hanfgewächse ist so gesund, dass Bier eigentlich kostenlos unter der Bevölkerung ausgegeben werden müsste (so genanntes *Freibier*), wenn der Alkohol nicht wäre. Medizinische Langzeitstudien laufen, weil man vermutet, dass Hopfen beispielsweise vorbeugend gegen Krebs, Osteoporose und Arteriosklerose wirkt. Daher habe ich angelsächsischen Freunden einmal „Pils instead of pills“ (Pils statt Pillen) empfohlen.

Hopfen sorgt für die Bittere und ein angenehmes Aroma des Bieres. Er verbessert seine Schaumbildung, Schaumstabilität und Haltbarkeit. Der Brauer benötigt lediglich die Dolden, die sich aus den Blüten der weiblichen Pflanzen bilden.

Hopfendolden kurz vor der Ernte

Dolden weisen als zentrale Achse die wellig gebogene Spindel auf. In der Nähe der Spindel befinden sich kleine gelbe Körner. Genau genommen sind es keine Körner, sondern klebrige Harzdrüsen mit netzartiger Oberfläche, gefüllt mit einem intensiv aromatischen Sekret, dem Lupulin. Es enthält praktisch alle Bestandteile des Hopfens, die für das Bier wichtig sind, wie Bitterstoffe (Humulone und Lupulone), Weichharze, Hartharze und ätherische Öle – insgesamt 250 bis 450 verschiedene Substanzen. Deren genaue Anteile variieren zwischen den Hopfensorten, weshalb jede Sorte ein spezifisches Aroma ins Bier bringt. Es gibt viele Hopfensorten. Sie unterscheiden sich schon äußerlich durch das Aussehen der Dolden und Blätter.

Eine aufgeschnittene Hopfendolde zeigt ihren inneren Aufbau – auch das Lupulin ist zu erkennen

Hopfenpellets

Nach der Ernte im September werden die Dolden getrocknet und somit haltbar gemacht. Ein Großteil der Dolden wird weiterverarbeitet, beispielsweise gemahlen und zu Pellets gepresst, die aufgrund ihres geringen Vorkommens Platz und Transportkosten sparen. Pellets sind leicht zu dosieren und problemlos einsetzbar.

Für das Bier wird Hopfen nach seinem Gehalt an Bitterstoffen dosiert, ausgedrückt in Prozent Alpha(säure). Dieser Wert kann von ungefähr zwei bis 15 Prozent reichen. Für Anfänger empfiehlt sich der mittlere Bereich etwa zwischen vier und zehn Prozent.

Wichtig

Hopfen sorgt für die Bittere im Bier. Eine größere Hopfengabe oder ein höherer Bitterstoffgehalt verstärken die Bittere.

Sollte Ihr vorrätiger Hopfen nicht dem im Rezept genannten Bitterstoffgehalt entsprechen, können Sie dennoch auf ihn zurückgreifen, Sie müssen die Dosierung nur nach Dreisatz umrechnen. Ist er halb so bitter, müssen Sie doppelt so viel einsetzen. Fordert das Rezept beispielsweise 100 Gramm eines Hopfens mit 4 Prozent Alpha, können Sie diesen durch 50 Gramm mit 8 Prozent Alpha ersetzen. Wir kommen auf die Berechnung zurück.

Der Hopfen wird in zwei Portionen in die kochende Würze gegeben – zwei Drittel gleich, ein Drittel später.

Tipp

Orientieren Sie sich bei Ihren Hopfengaben zunächst an den Rezepten. Da die geschmacklichen Vorlieben aber ziemlich weit auseinander gehen, können Sie die Empfehlungen bald – Ihrem individuellen Geschmack folgend – nach oben oder unten korrigieren. Schließlich soll Ihr Bier vor allem Ihnen selbst munden.

Neben Ihrem Geschmack sollten Sie für die einzusetzende Hopfenmenge auch die Lagerzeit des Bieres einkalkulieren, weil Bitterstoffe sich während des Reifens abbauen und das Bier auch aus diesem Grund über die Wochen und Monate deutlichen Veränderungen unterliegt. Soll das Bier bald getrunken werden (weil sie es vielleicht für Ihren Geburtstag brauen und sowieso schon spät dran sind), dann reduzieren Sie die Hopfenmenge geringfügig. Ist Ihr Bier für eine besonders lange Lagerung vorgesehen, können Sie ruhig etwas mehr Hopfen verwenden.

Tipp

Lagern Sie Hopfen kühl, trocken und dunkel. Am besten frieren Sie ihn gut verschlossen einfach ein.

Hefe

Bleibt noch die Hefe. Sie sorgt für die Gärung – also für Kohlensäure und Alkohol im Bier. Es gibt obergärige und untergärige Hefen und innerhalb dieser beiden Gruppen zahlreiche Stämme für spezielle Biere, die das jeweilige Aroma unterstützen oder überhaupt erst erzeugen.

Hefe besteht aus einzelligen Lebewesen, den Hefepilzen. Ihr Stoffwechsel ist unsere Gärung. Dabei vermehren die Pilze sich durch Zellteilung.

Manche Stämme bilden Sprossverbände. Neue Tochterzellen bleiben an den Mutterzellen haften, wodurch größere Gruppen entstehen. Darin verfangen sich kleinste Gasbläschen und sorgen für Auftrieb. Diese Hefe sammelt sich (wenigstens vorübergehend) an der Oberfläche des gärenden Sudes, daher nennt man sie *obergärig*.

Brauhefe – bereit zu einem neuen Einsatz

Untergärige Hefen bilden hingegen keine Sprossverbände. So erhalten sie keinen Auftrieb und sinken zu Boden.

Dies ist aber nicht der einzige Unterschied. Obergärige Hefen erzeugen während der Gärung tendenziell mehr Ester als untergärige. Ester sind organische Substanzen von intensivem Aroma, weshalb obergärige Biere oft fruchtiger schmecken als untergärige. Weizenbiere lassen sich beispielsweise klassifizieren nach Aromen von Zitrusfrüchten, Banane, Aprikose oder Nelke. Achten Sie einmal darauf. Durch die Wahl der Hefe legt der Brauer fest, welches Aroma im Weizenbier entsteht, weil bekannt ist, welches Aroma eine Hefe jeweils erzeugt.

Im Handel wird Hefe in flüssiger oder getrockneter Form angeboten. Trockenhefe ist meist preisgünstiger. Gab es noch vor wenigen Jahren praktisch nur zwei Sorten (ober- und untergärig), so stehen inzwischen auch bei den Trockenhefen diverse Qualitäten in verschiedenen Preislagen und für unterschiedliche Biere zur Auswahl. Da hat sich in den letzten Jahren Erfreuliches getan und ich vermute, dass diese Entwicklung sich fortsetzen wird. Halten Sie Ihre Augen offen. Viele Trockenhefen werden mittlerweile auch gehobenen Ansprüchen fortgeschrittener Hobbybrauer gerecht. Trockenhefe ist robust und leicht zu handhaben, daher bietet sie sich für Einsteiger an.

Wichtig

Trockenhefen haftet noch immer das Image minderer Qualität an, welches in der Vergangenheit eine gewisse Berechtigung hatte. Doch mittlerweile gibt es neben den einfachen und billigen auch hochwertige Trockenhefen, so dass Sie sich keinen Gefallen tun, hier am falschen Ende zu sparen. Das Nonplusultra sind jedoch Flüssighefen – noch.

Flüssighefe ist etwas empfindlicher und deutlich teurer. Dafür gibt es von verschiedenen Herstellern ein breit gefächertes Angebot spezieller Hefen auch für ausgefallene Biere. Die bekanntesten Hersteller sind wohl WYEAST und *WhiteLabs*. WYEAST-Hefe befindet sich in einer Ampulle innerhalb eines Folienbeutels mit Nährlösung. Sie muss einige Tage vor ihrem Einsatz durch Zerdrücken der Ampulle mit der Nährlösung vermischt werden, um sich auf das erforderliche Maß zu vermehren, und wird dann samt Nährlösung in die Würze gegeben. WhiteLabs-Hefen kommen aus der Ampulle direkt und ohne Vorbehandlung zum Einsatz.

Eine Auswahl verschiedener Hefen

Allein WhiteLabs hat über 35 verschiedene Hefen im Sortiment, darunter mehrere Weizenbierhefen (für verschiedene Aromen – siehe oben) und eine spezielle *Super-High-Gravity*-Hefe für Biere mit bis zu 25 Prozent Alkohol. Dies ist insofern bemerkenswert, als andere Hefen nur bis ungefähr elf Prozent vergären, dann ist Schluss. Zwar schmeckt so ein Super-Starkbier sehr likörig und überhaupt nicht mehr nach Bier (viel zu süß). Es bedarf auch eines speziellen Herstellungsverfahrens, um den hohen Alkoholgehalt schrittweise zu erreichen. Dafür ist es aber hochinteressant für Brauer, die gerne einmal einen Sud destillieren möchten, und es ist jahrelang haltbar. Ich habe mir nach mehr als drei Jahren solch einen ausgereiften Tropfen gegönnt – kristallklar, mit perfekter Schaumkrone und spritzig.

Tipp

Flüssighefen können nach der Gärung aufgefangen und innerhalb weniger (!) Tage erneut geführt (für einen weiteren Sud verwendet) werden. Mindestens fünf Gärführungen sollten möglich sein, wodurch sich die hohen Anschaffungskosten relativieren. Da Verunreinigungen und die Gefahr von Infektionen aber von Sud zu Sud zunehmen, sollte man so eine Hefe nicht beliebig oft verwenden.

Alternativ zu gekauften Produkten sind Hefen aus Brauereien zu erwähnen, die manche (aber nicht alle) Braumeister gerne an Hobbybrauer abgeben. Wenn Sie an solche Hefen herankommen, müssen Sie in der Brauerei fragen, für welches Bier die Hefe verwendet wird und bei welchen Temperaturen sie arbeitet. Frischhefen aus Brauereien sind besonders empfindlich, weil sie nicht speziell für den Transport vorbereitet wurden. In solchen Fällen sollten Sie ein steriles Gefäß sowie Kühlmöglichkeiten dabei haben und die Hefe innerhalb der nächsten zwei Tage verbrauchen.

Tipp

Öffnen Sie gekaufte Hefepackungen erst unmittelbar vor dem Einsatz der Hefe. Lagern Sie die Packungen kühl, aber frostfrei. Hefe übersteht das Einfrieren in der Regel nicht.

Die Geräte

Zum Brauen sind natürlich allerlei Gerätschaften nötig. Im gewöhnlichen Handel dürften Sie die wenigsten davon kriegen, nämlich bestenfalls Einkochtopf, Thermometer und Flaschenbürste. Die spezielleren Gegenstände gibt es im Hobbybrau-Fachhandel. Aktuelle Links zu diversen Versendern finden Sie auf meiner Website.

Einkochtopf

Einkochtopf – von nun an Sudkessel – mit Isolierung

Wichtigstes Utensil für den Hobbybrauer ist der Sudkessel, in dem Maische und Würze erhitzt werden. Besonders bewährt hat sich der Einkochtopf mit eingebautem Heizwerk. Mit ihm sind Sie mobil und können – je nach Wetter – drinnen oder draußen, im Carport oder anderswo, zu Hause oder bei Freunden brauen.

Ein Thermostat gehört zwar zur Mindestausstattung des Topfes, ist aber viel zu ungenau für unsere Zwecke. Extras wie eine Zeitschaltuhr sind erst recht nicht erforderlich. Jeder zusätzliche Regler erhöht den Preis und kann nur unnötig kaputt gehen. Auch ein Auslaufhahn wird nicht gebraucht. Sie müssen lediglich das Heizwerk ein- und ausschalten können, daher genügt die einfachste technische Ausführung.

Tipp

Hilfreich und unbedingt zu empfehlen ist jedoch eine Isolierung des Topfes aus einer passend zurecht geschnittenen Isomatte. Sie reduziert Wärmeverluste beträchtlich und hilft, Energie und Zeit zu sparen.

Wassereimer mit Literskala

Um die Wassermenge abzumessen, empfiehlt sich ein Eimer mit Literskala. Sie können stattdessen auch den ebenfalls benötigten Messbecher nehmen, doch spätestens nach fünf oder sechs Litern wissen Sie nicht mehr, ob Sie nun sechs oder sieben Liter abgefüllt haben. Bei einem größeren Eimer kann man sich nicht so leicht verzählen, auch wenn die Gedanken abschweifen.

Tipp

Vorsichtshalber sollten Sie mit einigen exakt per Messbecher abgefüllten Litern Wasser prüfen, ob die Skala des Eimers tatsächlich Liter meint (es gibt auch andere Skalen), und ob sie einigermaßen genau ist.

Eimer- und Filterset

Als weitere Gefäße und zum Filtern kann man sich vieles konstruieren oder kaufen. Tipps gibt es im Internet und in diversen Büchern. Da Einsteiger jedoch nach meiner Erfahrung eine Ausstattung suchen, die einfach, funktional und relativ preisgünstig ist, empfehle ich das hier gezeigte Ensemble, welches im Fachhandel häufig als Komplettset angeboten wird. Das ist zum einen der *Brau- und Gärbottich* mit Auslaufhahn, Abfüllrohr und Deckel. Des weiteren der *Filtereimer* mit Seiher (auch Durchschlag oder Nudelsieb genannt). Für das erste Filtern, das Läutern, dient der *Maischesack*. Für den zweiten Filtervorgang, das Ausschlagen, ist das wesentlich feinere *Trubfiltergewebe* gedacht.

Brau- und Gäreimer mit Deckel, Auslaufhahn und Abfüllrohr

Im Brau- und Gärbottich sammelt sich bei jedem Filtern die Würze. Auch die Gärung findet darin statt. Daher muss er groß genug sein, um den gesamten Sud aufzunehmen. Das Material muss hitze- und säurebeständig sowie lebensmittelecht sein. Auch muss für die *Kräusen*, den bei der Gärung entstehenden Schaum, ausreichend Platz bleiben (mindestens 10 cm von der Oberfläche bis zum Rand).

Auf den Deckel des Brau- und Gärbottichs stellen Sie bei beiden Filtervorgängen den Filtereimer. Durch einen Auslass im Boden und ein dazu passendes Loch im Deckel des Gärbottichs fließt beim *Läutern* die Würze ab.

Der Seiher unter dem Maischesack sorgt dafür, dass dies ungehindert gelingt. Für das *Ausschlagen* mit dem hängenden Trubfiltergewebe können Sie auf den Seiher verzichten.
Der Maischesack besteht aus nicht zu feinmaschigem, hitzebeständigem Kunststoffgewebe. Er ist robust und nimmt den gesamten Treber auf, selbst wenn Sie für ein Starkbier sechs oder sieben Kilo Malz eingesetzt haben.

Filtereimer mit Auslass im Boden und Seiher

Maischesack und Trubfiltergewebe mit Gummiband

Der Trubfilter hingegen muss später wesentlich feinere Partikel zurückhalten. Sein Vlies ist empfindlicher und verträgt keinen allzu groben Umgang. Bei vielen Anbietern fällt das Tuch so groß aus, dass Sie es halbieren oder gar vierteln können und so die anderen Teile in Reserve haben. Mit dem beiliegenden Gummiband fixieren Sie das Gewebe außen am Eimerrand.

Dieses Komplettset empfehle ich, weil es gegenüber anderen Konstruktionen das Brauen sehr erleichtert, ein ziemlich sauberes Arbeiten ermöglicht, Verluste an kostbarer Würze minimiert und auch den Reinigungsaufwand senkt. Ich selbst nutze es seit etlichen Jahren – sowohl zu Hause, als auch in meinen Seminaren. Wenn man gerade *nicht* braut, nimmt es außerdem nur sehr wenig Platz in Anspruch, denn alle Utensilien (außer dem Einkochtopf) lassen sich im Brau- und Gäreimer verstauen.

Tipp

Achten Sie darauf, dass Ihr Komplettset nur die hier genannten Komponenten enthält. Manche Anbieter haben nämlich Sets zusammengestellt, die eine Reihe in meinen Augen überflüssiger Teile enthalten, über deren Kauf sich der unerfahrene Laie später ziemlich ärgert.

Manche Lieferanten legen dem Brau- und Gäreimer noch ein Stück Silikonschlauch zum Aufstecken auf den Ablaufhahn bei. Dieser Schlauch ist hitzebeständig, was er auch sein muss. Sie benötigen ihn nicht zwingend, aber hilfreich und zu empfehlen ist er durchaus. Ein Stück von etwa 30 cm Länge genügt.

Thermometer

Zum exakten Messen der Temperatur brauchen Sie ein Thermometer, welches den Bereich zwischen 0 und 100 °C erfasst. Ob Sie nun ein digitales oder ein analoges Thermometer nehmen, und welche Zusatzfunktionen es hat, bleibt Ihnen überlassen. Wichtig ist nur, dass Sie die Temperatur präzise und auf *ein Grad genau* ablesen können. Über kurz oder lang sollten Sie sich zusätzlich ein Reservethermometer gönnen. Denn wenn dieses elementare Instrument während des Brauens kaputt geht und Ersatz nicht sofort zu beschaffen ist, sind Sie aufgeschmissen.

Maischepaddel

Digitalthermometer mit Kabel und Messfühler, analoges Thermometer, Flaschenbürsten, Maischepaddel, Jod-N-50-Lösung

Des weiteren benötigen Sie einen Rührlöffel. Der sollte mindestens 60-70 cm lang sein, damit das Rühren aufgrund des langen Hebels leicht von der Hand geht, und damit die Hände weit genug von der immer wärmer werdenden Maische entfernt sind. Das Material spielt keine so große Rolle, Holz ist aber angenehmer zu greifen und außerdem zünftiger als Kunststoff.

Jod

Während des Maischens sind zwei Jodproben vorgesehen, um den Stärkeabbau zu überprüfen. Dafür benötigen Sie die gelbe Jod-N-50-Lösung. Eine kleine Flasche hält unter normalen Umständen viele Jahre lang. Gewöhnliches (medizinisches) Jod ist eher ungeeignet, da es eine viel zu dunkle Eigenfarbe hat.

Spindel mit Zylinder

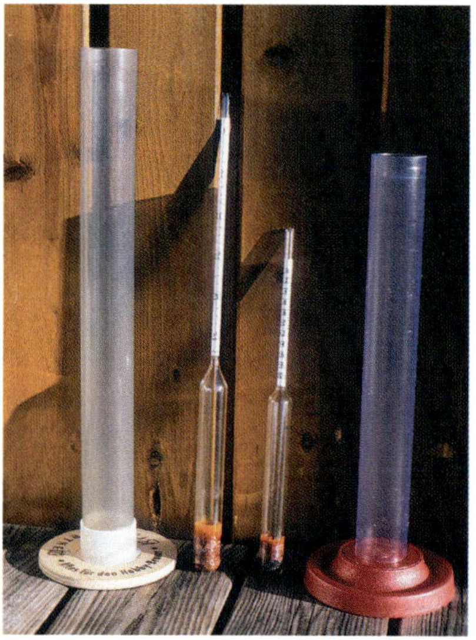

Unterschiedliche Würzespindeln mit jeweils passenden Zylindern

Zum Messen von Stammwürze und Extraktgehalt brauchen Sie eine Würzespindel mit passendem Zylinder. Spindeln sind aus Glas und relativ empfindlich. Eine preiswerte Spindel, die auf etwa ein halbes Prozent genau misst, reicht vollkommen aus. Der Zylinder, in den Würze oder Bier gefüllt werden, kann zwar ebenfalls aus Glas bestehen, Kunststoff birgt für die Spindel jedoch geringere Gefahren. Eine Graduierung (Aufdruck von Millilitern oder ähnlichem) auf dem Messzylinder stört beim Ablesen eher und ist unnötig.

Messbecher, Schaumlöffel und Hefeshaker

Im Haushalt meist vorhanden sind ein *Messbecher* zum Schöpfen der Maische oder Würze (zum Umfüllen in den Filter), sowie ein *Schaumlöffel.* Der Schaumlöffel dient beim Kochen der Würze zum Abheben des Eiweißschaums und zum Unterrühren des Hopfens. Den Messbecher brauchen Sie eventuell auch zum Rehydrieren von Trockenhefe, wenn Sie sich dafür nicht einen separaten *Hefeshaker* (Mixbecher) zulegen wollen.

Hefeshaker, Messbecher und Schaumlöffel

Flaschen oder Fässer

In irgendwelche Gefäße müssen Sie das Bier am Ende der Hauptgärung abfüllen. Da bieten sich zunächst Flaschen an, und zwar Bügelflaschen, weil sie sich einfach verschließen lassen. Als besonders günstig – nicht zu groß und nicht zu klein – erweisen sich Halbliterflaschen. Die gibt es im Fachhandel zu kaufen, aber als Pfandflaschen aus dem Getränkemarkt kosten sie weniger und können auch wieder zurück gegeben werden.

Beispielsweise, wenn Sie auf Fässer (Kegs) umsteigen. Hier gibt es die unterschiedlichsten Größen und Systeme. Nehmen Sie sich Zeit, deren jeweilige Vor- und Nachteilen auszuloten, denn Fässer sind meist mit größeren Investitionen verbunden, zumal noch die ganze Schanktechnik hinzu kommt.

Und vergessen Sie für die Zeitplanung nicht, dass Sie die Flaschen vor dem Befüllen eventuell noch austrinken müssen. Ihr Leergut muss pro Sud immerhin etwa zwanzig Liter aufnehmen können. Daher ist diese strapaziöse Tätigkeit rechtzeitig in Angriff zu nehmen. Zur Not finden sich meist hilfsbereite Freunde.

Flaschenbürste

Zum Reinigen der Flaschen brauchen Sie natürlich eine Flaschenbürste, deren Stiel dünn genug für die Flaschenhälse ist (Plastikbürsten für Baby-Trinkflaschen passen meist nicht). Neben einer einfachen Bürste wird gelegentlich auch eine Bürste mit Stahlborsten für widerspenstige Verunreinigungen gebraucht.

Sonstiges

Der Vollständigkeit halber seien hier noch einige nützliche Gegenstände erwähnt, die eigentlich in jedem Haushalt vorhanden sein müssten.

Bei unerwarteten Ablenkungen während des Maischens (Telefon...) kann es passieren, dass Sie wichtige Zeitpunkte wie das Ende einer Rast oder die zweite Hopfengabe versäumen. Hier können Sie mit einem rechtzeitig gestellten *Kurzzeitwecker* vorbeugen.
Für die Jodproben während des Maischens ist ein möglichst weißer (wegen des Farbumschlags) Teller bzw. eine *Untertasse* nötig.
Um während und nach der Gärung auf der Oberfläche der Würze oder des Jungbieres schwimmende Rückstände entfernen zu können, brauchen Sie ein kleines *Teesieb* mit Stiel oder Griff.
Schließlich sollten Sie einen weichen, saugfähigen *Lappen* speziell für das Reinigen der Brauutensilien vorsehen, der nie mit Spülmitteln, Fett usw. in Berührung kommen darf.

Gerätschaften im Überblick

Damit dürfte Ihre Ausstattung vollständig sein. Hier noch einmal zum Abhaken die komplette Liste im Überblick:

- Sudkessel (Einkochtopf) mit Isolierung
- Wassereimer mit Literskala
- Brau- und Gärbottich mit Auslaufhahn, Flaschenabfüllrohr, Deckel und (möglichst) Silikonschlauch
- Filtereimer mit Seiher
- Maischesack
- Trubfiltergewebe mit Gummiband
- Thermometer
- Maischepaddel

- Jod-N-50-Lösung
- Würzespindel
- Spindelzylinder
- Messbecher (evtl. zusätzlicher Hefeshaker)
- Schaumlöffel
- Flaschen oder Kegs
- Flaschenbürste
- Kurzzeitwecker, weißer Teller, Teesieb, Lappen

Soviel zu den Gerätschaften. Was Sie an Zutaten für das jeweils gewünschte Bier brauchen, entnehmen Sie den Rezepten hinten im Buch, meiner Website oder anderen Quellen. Und wenn Sie alles beisammen haben, kann es auch schon losgehen.

Das Maischen

Das Maischen dauert ungefähr zweieinhalb bis drei Stunden. Wie überhaupt der gesamte Brauvorgang ist das Maischen einfach und besteht größtenteils aus Pausen. Lassen Sie sich von meinen umfangreichen Erläuterungen nicht irritieren. Die liefern Ihnen größtenteils nur das theoretische Rüstzeug. Wirklich tun müssen Sie recht wenig.

Tipp

Der Ablauf lässt sich mit wenigen Anweisungen skizzieren. Halten Sie sich beim Brauen daher ruhig an die Kurzanleitung. Die anschließend folgenden Details verraten Ihnen dann nur noch, warum Sie das alles tun müssen, und wie Sie gezielte Änderungen vornehmen können, um das Bier Ihren Vorlieben anzunähern.

Kurzanleitung

Da das Maischen – so unkompliziert es ist – doch aus mehreren Arbeitsschritten besteht, die unbedingt in der richtigen Reihenfolge zu erledigen sind, biete ich Ihnen für die ersten Sude diese kompakte Anleitung, damit Sie als Einsteiger nicht den Überblick verlieren. Später wird sowieso alles Routine, zumal das Brauprotokoll Ihnen die nötige Hilfestellung leistet.

Zunächst geben Sie den ersten Teil Wasser, den *Hauptguss*, in den Sudkessel und erwärmen ihn auf die *Einmaischtemperatur*. Wassermenge und Einmaischtemperatur hängen von der Biersorte ab und sind dem Rezept zu entnehmen.

Sobald Sie die Einmaischtemperatur erreicht haben, schütten Sie das gesamte Malz (daher *Schüttung*) ins Wasser und heizen weiter. Das Gemisch von Wasser und Malz heißt *Maische* (von Mischen).

Wichtig

Sofort nach dem Einmaischen und immer während des Erwärmens der Maische müssen Sie sorgfältig rühren. Kratzen Sie mit dem Maischepaddel immer schön am Boden des Sudkessels entlang, damit das Malz nicht anbrennt und die Wärme in der Maische gleichmäßig verteilt wird.

Im weiteren Verlauf halten Sie mehrere Rasten:

- 15 Minuten *Eiweißrast* bei 55 °C (kann auch entfallen).
- 30 bis 40 Minuten *Maltoserast* bei 64 °C (anschließend folgt die 1. Jodprobe). Gegen Ende der Maltoserast müssen Sie anfangen, den zweiten Teil Wasser, den *Nachguss*, auf etwa 80 °C zu erhitzen. Das dauert seine Zeit. Sie benötigen ihn direkt nach dem Läutern.
- 20 Minuten *erste Verzuckerungsrast* bei 72 °C (anschließend folgt die 2. Jodprobe).
- 20 Minuten *zweite Verzuckerungsrast* bei 78 °C.

Während der Rasten schalten Sie das Heizwerk aus und decken den Topf ab. Die Temperatur wird etwas sinken. Sie müssen aber weder nachheizen noch rühren.

Nach der zweiten Verzuckerungsrast wird zunächst nicht weiter erhitzt. Stattdessen schließt sich unmittelbar das *Läutern* an.
Soweit die Kurzanleitung zum Maischen. Weiter geht es mit dem Läutern (im nächsten Kapitel), oder mit näheren Details zum Maischen selbst.

Vorbereitung

Der Ort: Wo wollen Sie brauen? Bedenken Sie, dass die Angelegenheit recht geruchsintensiv ist, vor allem das Hopfenkochen in der zweiten Hälfte.

In dieser Phase verwandeln sich außerdem mehrere Liter Wasser in Dampf. Im Haus steigt in der Folge die Luftfeuchtigkeit spürbar an. Kleinere Räume mutieren buchstäblich zur Sauna. Daher braue ich seit Jahren selbst im tiefsten Winter nur noch auf der Terrasse. Auch Garage oder Carport sind geeignet, vor allem bei schlechtem Wetter. Der mobile Einkochtopf mit eingebautem Heizwerk bietet hierfür gute Voraussetzungen, weil er praktisch überall zum Einsatz kommen kann, wo elektrischer Strom vorhanden ist. Er ermöglicht es überdies, lediglich das Kochen nach draußen zu verlagern.

Tipp

Zwar können Sie auch im Haus oder der Wohnung brauen, aber aufgrund der geruchsintensiven Dunstschwaden vor allem beim Kochen empfiehlt sich ein geschützter Platz im Freien.

Die Zeit: Richten Sie sich darauf ein, dass der Brautag ungefähr sechs Stunden dauern wird, beim ersten Mal vielleicht auch etwas länger, weil alles noch so neu ist. In dieser Zeit sind Sie aber nicht unentwegt beschäftigt, denn vieles erledigt sich im Alleingang. Deshalb läuft so ein Brautag mit ausgedehnten Pausen recht entspannt und geruhsam ab. Entweder noch am selben Abend – sonst aber am nächsten Morgen – kommt noch einmal etwa eine halbe Stunde zum Anstellen der Würze (Hefezugabe mit allem Drum und Dran) hinzu. Vorher muss die Würze jedoch ausgekühlt sein.

Wichtig

Stellen Sie sicher, dass Sie sich am Brautag etwa sechs Stunden am Stück dem Brauen widmen können. Es sind viele auch längere Pausen dazwischen, aber allzu weit sollten Sie sich nicht vom Tatort entfernen.

Der Start: Gehen wir davon aus, dass Sie sich für ein bestimmtes Bier entschieden haben. Die Zutaten laut Rezept (Wasser, Malz, Hopfen, Hefe) und auch sämtliche Gerätschaften sowie das Brauprotokoll (Download auf meiner Website) liegen bereit. Einkochtopf (ab jetzt: *Sudkessel*) und Thermometer funktionieren. Das Abenteuer kann beginnen.

Einmaischen

Als erstes messen Sie die für den Hauptguss vorgesehene Menge Wasser ab und geben alles in den Sudkessel. Die Wassertemperatur sollte nicht oberhalb der Einmaischtemperatur liegen. Erhitzen Sie das Wasser bis zur im Rezept genannten Einmaischtemperatur. Fehlt eine Angabe, dann sind 40 - 45 °C ein akzeptabler Mittelweg.

Einmaischen

Bei dieser Temperatur wird die gesamte Malzmenge, die Schüttung, ins Wasser gegeben – es wird eingemaischt. Das ist eine etwas staubige Angelegenheit und ein weiteres Argument für das Brauen draußen. Für die nächsten zweieinhalb Stunden haben Sie es mit der *Maische* zu tun, wie die Mischung aus Wasser und Malz nun heißt.

Während des Maischens wird Stärke aus dem Malz gelöst. Hefe braucht jedoch keine Stärke, sondern Zucker. Denn bei der Gärung bildet sie aus Zucker Alkohol und Kohlensäure. Die Stärke ist also in Zucker zu verwandeln, was eifrige Enzyme übernehmen. Dafür müssen Sie sich die nötige Zeit nehmen – besagte zweieinhalb Stunden.

Wichtig

Beim Maischen wird Stärke aus dem Malz gelöst und anschließend in Zucker umgewandelt.

Unmittelbar nach dem Einmaischen stehen mehrere Dinge fast gleichzeitig an. Ab dem Einmaischen müssen Sie – solange das Heizwerk eingeschaltet ist – sorgfältig rühren, damit erstens die Maische nicht anbrennt, und damit zweitens die Temperatur in der Maische gleichmäßig verteilt wird (ansonsten wäre die Messung nicht korrekt). Zwischendurch und baldmöglichst wischen

Sie mit einem feuchten Lappen den Mehlstaub vom Einmaischen außen am Sudkessel ab und wickeln die Isolierung herum. Dann rühren Sie einfach weiter – nicht zu schwach und nicht zu kräftig – und verfolgen aufmerksam die steigende Temperatur. Das erste Etappenziel sind 55 °C.

Sudkessel mit Maische, Isolierung, Maischepaddel, Thermometer

Eiweißrast

Wenn Sie eine Eiweißrast halten wollen, schalten Sie das Heizwerk aus, sobald 55 °C erreicht sind, die Temperatur bei digitaler Anzeige also nicht mehr zwischen 54 und 55 °C pendelt. Die Rast dauert maximal eine Viertelstunde. Wenn keine Eiweißrast vorgesehen ist, heizen Sie ohne Unterbrechung einfach weiter auf 64 °C (s. Maltoserast).

Während der Eiweißrast werden Eiweißmoleküle durch Enzyme aufgeschlossen und zerkleinert. Dies begünstigt, dass beim Kochen – mit Hilfe von Hitze und Hopfen – ein Großteil des Eiweißes koaguliert (gerinnt), dabei verklumpt und beim anschließenden Filtern aus der Würze entfernt werden kann. Dadurch verbessern sich Haltbarkeit und Schaumverhalten des Bieres.

Früher war die Eiweißrast wichtig. Inzwischen sind aber die Qualität des Getreides durch Züchtung und die Qualität des Malzes durch technologischen Fortschritt beim Mälzen soweit für Brauzwecke optimiert worden, dass die Eiweißrast normalerweise nicht mehr erforderlich ist, versichern Mälzer. Die Praxis bestätigt dies. Daher können Sie die Eiweißrast entfallen lassen.

Tipp

Auf die Eiweißrast können Sie heutzutage meist verzichten. Ich habe sie hier jedoch beschrieben, weil sie in vielen Büchern und Rezepten erwähnt wird.

Exkurs: Enzyme

Was verbirgt sich nun hinter diesen mysteriösen Enzymen?

Sie gehören chemisch gesehen zur umfangreichen Gruppe der Eiweiße. Die kleinsten Bausteine der Eiweißmoleküle sind Aminosäuren. Mehrere Aminosäuremoleküle ergeben Peptide. Ab einem bestimmten Molekulargewicht spricht man dann von Proteinen. Enzyme gehören zu den Proteinen. Enzyme bewirken sehr spezielle Umwandlungsprozesse. In unserem Körper steuern sie unzählige Abläufe. Auch beim Bierbrauen kommt ihnen entscheidende Bedeutung zu. Durch das Vermälzen des Getreides werden die Enzyme aktiviert.

Es gibt eine Vielzahl von Enzymen für unterschiedliche Aufgaben. Jedes braucht ein bestimmtes Milieu, um arbeiten zu können. Temperatur und pH-Wert müssen passen. Je besser die Bedingungen, desto schneller und vollständiger kann ein Enzym seine Arbeit verrichten. Da aber jedes seine eigenen Lieblingsbedingungen hat, kommen sie unterschiedlich zum Zuge – manche auch gar nicht, weil die Maische für sie kein geeignetes Umfeld bildet, beispielsweise viel zu sauer ist.

Oberhalb des Lieblingsmilieus gibt es eine Temperatur, bei der das Enzym zerstört wird. Durch Abkühlen lässt es sich auch nicht mehr reparieren. Einmal tot, immer tot. Dieser Sachverhalt ist von Bedeutung, denn wir müssen in gewissen Phasen bestimmte Temperaturen meiden, um Enzyme, deren Arbeit wir noch brauchen, nicht vorzeitig zu verlieren.

Wichtig

Eigentlich erledigen Enzyme die Arbeit beim Maischen. Der Brauer muss ihnen nur geeignete Arbeitsbedingungen schaffen.

Maltoserast

Ob Sie die Eiweißrast nun gehalten oder übersprungen haben – als nächstes müssen Sie die Maische auf 64 °C erhitzen. Haben Sie diesen Wert erreicht, schalten Sie – wie bei jeder Rast – das Heizwerk aus. Decken Sie den Topf ab um Hitzeverluste zu minimieren. Die Maltoserast dauert mindestens eine halbe Stunde.

Die Maltoserast ist von überragender Bedeutung für Ihr Bier. Achten Sie also darauf, dass Sie die Ausführungen in diesem Abschnitt und den folgenden genau verstehen, damit Sie nicht abhängig von Rezepten bleiben, sondern Ihr Bier gezielt verbessern und für Ihren Geschmack optimieren können.

Wichtig

Fast alle wichtigen Parameter beeinflussen Sie über die Rohstoffe:

- *den Alkoholgehalt über die Malzmenge – mehr Malz enthält mehr Stärke, daraus wird mehr Zucker, daraus mehr Alkohol;*
- *die Bierfarbe über die Zusammenstellung der Malze;*
- *die Bittere über die Wahl und Menge des Hopfens;*
- *die Art der Gärung über die Wahl der Hefe.*

Und die Süße? Nun, die verändern Sie entscheidend mit der Dauer der Maltoserast, also über den Prozess.

In der Maltoserast beginnt die Umwandlung der Stärke in Zucker. Ein Enzym namens *Beta-Amylase* spaltet Maltose von Stärkemolekülen ab. Maltose ist vergärbarer Zucker.

Neben dem vergärbaren Zucker sorgt ein anderes Enzym für die Bildung von nicht vergärbarem Zucker. Darauf kommen wir weiter unten zu sprechen.

Je länger die Maltoserast dauert, desto mehr Maltose entsteht, desto weniger Stärke bleibt für die Umwandlung in nicht vergärbaren Zucker, desto weniger süß wird daher das Bier.

In meinem Buch „Heimbrauen für Fortgeschrittene" spreche ich in diesem Zusammenhang von Vollmundigkeit. Mit Vollmundigkeit ist nicht nur die Süße, sondern die Geschmacksintensität insgesamt gemeint, zu der beispielsweise auch Karamellmalze, niedrigere Einmaischtemperaturen,

Maischekonzentration und längeres Würzekochen beitragen. Vollmundigkeit und Süße sind streng genommen also nicht identisch. Es ist aber schwierig, sie auseinander zu halten. Daher werde ich die Begriffe im weiteren Verlauf nicht differenzieren.

Tipp

Bevorzugen Sie vollmundige Biere, dann genügt eine 30-minütige Maltoserast. Soll Ihr Bier eher schlank (nicht so süß – beim Wein würde man trocken sagen) werden, dann dehnen Sie die Maltoserast ruhig auf 40 Minuten aus.

Der Zusammenhang ist an dieser Stelle vermutlich noch nicht ganz klar, weil Sie noch nicht alle relevanten Informationen haben. Das ändert sich gleich.

Nachguss vorbereiten

Spätestens gegen Ende der Maltoserast (sonst wird die Zeit knapp) sollten Sie anfangen, den Nachguss vorzubereiten. Das ist eine Wassermenge, ähnlich groß wie der Hauptguss, die immerhin auf etwa 80 °C gebracht werden muss und nach dem Läutern benötigt wird. Offiziell soll der Nachguss 78 °C haben, doch da er beim Umschöpfen auskühlt, schadet es nicht, wenn er geringfügig wärmer ist.

Wichtig

Vergessen Sie nicht, den Nachguss vorzubereiten. Wenn Sie damit nicht jetzt beginnen, wird er nicht rechtzeitig fertig und es kommt zu Verzögerungen.

Wie Sie die Wassermenge erhitzen, hängt von Ihren Gegebenheiten ab. Am komfortabelsten ist ein zweiter Einkochtopf. Da ein solcher aber meist nicht vorhanden sein dürfte, können Sie beispielsweise mehrere große Kochtöpfe nehmen. Oder Sie kochen hintereinander mehrere Füllungen in einem Wasserkocher auf, gießen diese in Kunststoffeimer und decken selbige zu. So kriegen Sie schrittweise den Nachguss zusammen und können meist sogar die letzten Liter mit kaltem Wasser auffüllen, weil das Wasser in den Eimern viel zu heiß ist.

Erste Jodprobe

Im Anschluss an die Maltoserast führen Sie die erste Jodprobe durch, um zu prüfen, ob der Stärkeabbau tatsächlich – wie gewünscht – stattgefunden hat. Geben Sie einige Tropfen Maische (möglichst kein Schrot dabei) auf einen hellen Teller. Darauf träufeln Sie ein oder zwei Tropfen Jod-N-50-Lösung. Stärke erkennt man am sofortigen, intensiven Farbumschlag in dunkles Lila bei der Zugabe des Jods. Ein solcher darf jetzt nicht mehr auftreten.

Stärkenachweis – dieser intensive Farbumschlag darf bei der Jodprobe nicht auftreten

Da nach der Maltoserast freilich noch etwas Stärke vorhanden sein kann, ist eine geringfügige Verfärbung in helles Grau akzeptabel. Tritt kein Farbumschlag mehr auf, ist die Probe *jodnormal*, wie der Brauer sagt.

Erste Verzuckerungsrast

Nach der Maltoserast und der ersten Jodprobe erwärmen Sie die Maische weiter auf 72 °C. Bei 70 °C wird die Beta-Amylase zerstört, kann also keine Maltose mehr bilden. Der restlichen Stärke blüht ein anderes Schicksal. Denn jetzt schlägt die Stunde der *Alpha-Amylase*. Dabei handelt es sich um ein weiteres Enzym, welches bevorzugt über 70 °C arbeitet und Stärke in Dextrin umwandelt.

Dextrin ist nichtvergärbarer Zucker. Dieser nichtvergärbare Zucker bleibt im Bier erhalten (weil er nicht vergärt) und verleiht ihm seine Süße. Aus der Maltoserast übrig gebliebene oder beim Erhitzen neu aus dem Malz gelöste Stärke wird also zwangläufig in Dextrin aufgespalten, weil das Enzym zur Maltosebildung (Beta-Amylase) nicht mehr existiert. Die erste Verzuckerungsrast dauert 20 min.

Wichtig

Die Maltosebildung wurde bei 70 °C beendet. Weitere Stärke wird nun in Dextrin abgebaut, welches nicht vergärt und daher die Süße des Bieres bestimmt.

Nachtrag zur Maltoserast

Nun dürfte klar sein, warum die *Dauer* der Maltoserast die Süße des Bieres bestimmt. Denn je weniger Stärke die Maltoserast überstanden hat, desto weniger Dextrin kann entstehen, desto weniger vollmundig wird Ihr Bier.

Wichtig

Die Süße des Bieres hängt vom Anteil des nichtvergärbaren Dextrins ab. Bei einer kurzen (30-minütigen) Maltoserast bleibt weniger Zeit zur Maltosebildung. Viel verbliebene Stärke kann und muss nach Zerstörung der Beta-Amylase zu Dextrin abgebaut werden. Bei einer langen (40-minütigen) Maltoserast entsteht mehr Maltose, und weniger Stärke steht für die Dextrinbildung zur Verfügung. Die Vollmundigkeit entscheidet sich also in der Maltoserast bei 64 °C. In den Verzuckerungsrasten oberhalb von 70 °C ist es zu spät für jegliche Einflussnahme.

Sie sehen: Zehn Minuten mehr oder weniger bewirken in diesem Fall eine Menge. Probieren Sie dies einfach mal in zwei aufeinander folgenden Suden aus. Weniger als eine halbe Stunde sollte Ihre Maltoserast allerdings nicht dauern. Dann wird das Bier aufdringlich süß – *mastig*, wie der Brauer sagt.

Jetzt sollte auch nachvollziehbar sein, warum Starkbiere immer besonders vollmundig sind. Für ein stärkeres Bier verwendet man nämlich mehr Malz. Dies enthält mehr Stärke. Daraus entsteht mehr Maltose und in der Folge mehr Alkohol, aber *gleichzeitig* auch mehr Dextrin, also bleibende Süße.

Zweite Jodprobe

Jodprobe – wie gewünscht ohne Verfärbung, also jodnormal

Am Ende der ersten Verzuckerungsrast führen Sie die zweite Jodprobe durch. Sie sollte keine Verfärbung mehr zeigen, also jodnormal sein. Ist sie dies *nicht*, liegt ein Fehler vor. Überprüfen Sie Temperatur und Thermometer, verlängern Sie die Rast und machen Sie eine weitere Jodprobe.

Achtung

Wenn auch eine wiederholte zweite Jodprobe nicht jodnormal ausfällt, was normalerweise gar nicht möglich ist, gab es wohl ein größeres Malheur, etwa ein defektes Thermometer. Wenn Sie den Fehler nicht finden, setzen Sie sich mit Experten (z.B. mit mir) zwecks Ursachenforschung in Verbindung.

Zweite Verzuckerungsrast

Für die letzte Etappe erhitzen Sie die Maische auf 78 °C. Dabei läuft alles ab wie gewohnt. Die Alpha-Amylase wird allerdings bei 80 °C zerstört. Daher müssen Sie gut aufpassen, dass Sie die Maische wirklich nur auf 78 °C erhitzen, nicht weiter. So kann die Alpha-Amylase noch geraume Zeit ihrer Arbeit nachgehen und den Stärkeabbau vollständig erledigen.

Die zweite Verzuckerungsrast bei 78 °C dient dem Umwandeln eventuell noch gelöster oder beim weiteren Erhitzen aus dem Malz freigesetzter Stärke in Zucker. Nach wie vor ist die Alpha-Amylase dafür verantwortlich.

Tipp

Manche Hobbybrauer sagen, dass man auf diese zwanzigminütige Rast verzichten kann. Das habe ich mehrfach probiert, kann es aber nicht empfehlen, denn jedes Mal war eine schlechtere Ausnutzung des Malzes die Folge, was man an einer niedrigeren Stammwürze (siehe unten) merkt.

In der zweiten Verzuckerungsrast können Sie das Eimerset in aller Ruhe zum Läutern vorbereiten, denn dies steht als nächstes auf dem Programm. In den Filtereimer stellen Sie den Seiher und darauf den Maischesack.

Läutern und Anschwänzen

Das *Läutern* mit dem anschließenden *Anschwänzen* dauert in Brauereien oft länger als eine Stunde. Mit den hier empfohlenen Gerätschaften sind Sie meist nach einer guten Viertelstunde fertig.

Beim Läutern trennen Sie die inzwischen nicht mehr ganz 78 °C heiße Maische mit Hilfe eines Filters in Treber und Würze. Während der Treber im Filter zurück bleibt, läuft die *Vorderwürze* in den Brau- und Gäreimer.

Beim Anschwänzen lösen Sie mit ungefähr 80 °C heißem Wasser (Nachguss) den Restzucker aus dem Treber. Dabei gewinnen Sie die *Nachgusswürze.* Vorderwürze und Nachgusswürze ergeben die *Pfannevollwürze.* Diese bringen Sie anschließend zum Kochen.

Läutern

Ziehen Sie zunächst den Stecker des Sudkessels aus der Steckdose. Entfernen Sie dann die Isolierung vom Sudkessel, denn von dessen glatter Außenwand lassen sich unvermeidliche Spritzer leichter abwischen.

Zum Läutern schöpfen Sie mit dem Messbecher oder einem anderen geeigneten Gefäß einfach die gesamte Maische in den Maischesack. Was sich am Ende nicht mehr schöpfen lässt, kippen Sie hinterher. Der Rest erledigt sich von alleine.

Der Autor beim Läutern an einem kalten Wintertag

Beim Läutern gewinnen Sie recht wenig Vorderwürze, weil viel Wasser im Treber verbleibt, wie auch eine Menge Extrakt (Zucker), den es zu nutzen gilt. Dazu dient der Nachguss.

Anschwänzen

Nach wenigen Minuten ist die Vorderwürze abgelaufen. Jetzt geht es darum, den Restzucker aus dem Treber herauszuspülen. Diese Aufgabe übernimmt der Nachguss – das ist heißes Wasser, erhitzt auf etwa 80 °C. Den Arbeitsgang bezeichnen Brauer als Anschwänzen.

Anschwänzen – der Nachguss spült den Restzucker aus dem Treber

Verteilen Sie immer ungefähr zwei Liter des Nachgusses auf der Oberfläche des Trebers. Wenn die abgeflossen sind, lockern Sie den Treber mit dem Maischepaddel ein wenig auf, dann kommen die nächsten beiden Liter an die Reihe und so weiter. So lösen Sie nach und nach den restlichen Zucker aus dem Treber.

Tipp

Die ersten ein bis zwei Liter vom Nachguss können Sie zweckmäßig nutzen, um das restliche Schrot aus dem Sudkessel zu spülen. Eine weitergehende Reinigung ist nicht nötig. Damit steht dieser gleich wieder bereit, um die Pfannevollwürze aufzunehmen.

Da der Treber vor dem Anschwänzen schon mit Wasser vollgesogen ist, sickert der Nachguss *vollständig* hindurch und nimmt dabei den wertvollen Extrakt mit. Die abfließende Würze wird natürlich immer dünner. Wenn sie kaum noch Extrakt enthält, spricht der Brauer von *Glattwasser* und beendet das Anschwänzen. Darum brauchen Sie sich aber nicht zu kümmern. Halten Sie sich einfach an das Rezept. Bei halbwegs sorgfältigem Arbeiten stimmt das Verhältnis von Malz, Hauptguss und Nachguss, so dass Sie am Ende die richtige Würzemenge in der passenden Konzentration gewonnen haben.

Die so erzeugte Pfannevollwürze lassen Sie zurück in den Sudkessel laufen. Ein auf den Ablaufhahn gestecktes Stück Silikonschlauch (hitzebeständig!) vermeidet unschönes Spritzen und Plätschern. Bei manchen Lieferanten gehört so ein Schlauch zum Eimerset.

Tipp

Wenn ein Rest der Würze nicht in den Sudkessel passt, können Sie ihn etwas später nachkippen, sobald einige Liter verkocht sind. Drücken Sie den Treber ruhig auch ein wenig aus. Darin steckt noch einige Würze, auf die Sie nicht verzichten müssen.

Den Sudkessel wischen Sie außen mit einem Lappen ab (weil er meist einige Spritzer Würze abbekommen hat) und versehen ihn wieder mit seiner Isolierung. Mit der gesamten Würze dürfte er randvoll sein. Nun müssen Sie den Inhalt zum Kochen bringen. Hier ist die Isolierung besonders wichtig und hilfreich. Ohne sie kann sich der Kochbeginn sehr lange hinziehen. Mit Isolierung schaffen Sie das in einer halben bis dreiviertel Stunde, selbst draußen bei klirrender Kälte.

Decken Sie anfangs noch den Deckel auf den Sudkessel. Spätestens nach etwa 20 Minuten, wenn sich eine Weile vor Kochbeginn eine Eiweißschicht an der Oberfläche bildet, müssen Sie ihn jedoch abnehmen, sonst kommt unschöner Schaum herausgequollen und bereitet arge Scherereien. Der Deckel gehört auch beim Kochen nicht mehr auf den Sudkessel und wird nicht mehr benötigt.

Tipp

Den ausgelaugten Treber können Sie als hochwertiges Viehfutter für fast alle Nutztiere oder zum Brotbacken verwenden. Für Treberbrot brauchen Sie allerdings nur wenig. Suchen Sie sich einfach ein Rezept für Zwiebelbrot, Sonnenblumenkernbrot oder ähnliches und ersetzen Sie die Menge an Röstzwiebeln oder Sonnenblumenkernen durch Treber.

Das Hopfenkochen

Beim Läutern und Anschwänzen haben Sie das Feste vom Flüssigen getrennt. Mit der Würze geht es weiter. Diese bringen Sie zum Kochen.

Beim Erhitzen bildet sich langsam eine schaumähnliche Schicht auf der Oberfläche. Sie besteht hauptsächlich aus Eiweißen und soll weitgehend entfernt werden. Hierzu dient der Schaumlöffel. Wenn Sie sich frühzeitig um ein Abheben der Schicht bemühen, haben Sie wenig Erfolg. Sie fließt einfach durch die Löcher des Löffels. Je näher Sie dem Kochen kommen, desto fester wird die Schicht jedoch. Es genügt also, wenn Sie sich direkt bei Kochbeginn darum kümmern.

Eiweißschicht – zum Kochbeginn entfernen

Das Heizwerk hat einige Mühe, den Inhalt des nahezu vollen Sudkessels zu erhitzen. Daher ist in der Regel kein sprudelndes, sondern nur ein leicht wallendes Kochen zu erwarten. Hierauf haben auch die äußeren Bedingungen wie Lufttemperatur und Windgeschwindigkeit großen Einfluss. Die Höhenlage spielt ebenfalls eine Rolle. In den Mittelgebirgen kocht Wasser bei niedrigeren Temperaturen und daher schneller als an der Küste.

Dosierung des Hopfens

Wenn Sie zwar Hopfen vorrätig haben, der Bitterstoffgehalt aber nicht den Vorgaben des Rezeptes entspricht, können Sie Ihren vorhandenen Hopfen trotzdem verwenden. Sie müssen die einzusetzende Menge lediglich nach Dreisatz umrechnen. Multiplizieren Sie die im Rezept vorgegebene Menge des Hopfens mit dem Bitterstoffgehalt laut Rezept und teilen das Produkt durch den Bitterstoffgehalt des vorhandenen Hopfens. Die Formel dazu lautet:

$$\text{Hopfenmenge}_{\text{vorhanden}} = \frac{\text{Hopfenmenge}_{\text{Rezept}} \times \text{Bitterstoffgehalt}_{\text{Rezept}}}{\text{Bitterstoffgehalt}_{\text{vorhanden}}}$$

Fordert das Rezept beispielsweise 50 Gramm Hopfen(pellets) mit 8 Prozent Alphasäure, Sie haben aber nur Hopfen mit 6 Prozent im Haus, dann setzen Sie die Werte in die Formel ein:

$$\frac{50\ \text{g} \times 8\ \%}{6\ \%} = 66{,}67\ \text{g}$$

Das Ergebnis: Sie müssen von der vorhandenen Hopfensorte die Gesamtmenge von 66,67 Gramm einsetzen – na ja, ungefähr.

Erste Hopfengabe

Irgendwann kocht die Würze und den Schaum haben Sie weitgehend entfernt. Nun können Sie den Hopfen zugeben, und zwar erst einmal nur zwei Drittel der laut Rezeptur vorgesehenen Menge. Pellets zerfallen sofort in das Pulver, aus dem sie eigentlich bestehen. Dieses müssen Sie nun vorsichtig unterrühren, wozu der Schaumlöffel wiederum prima geeignet ist. Wenn Sie Dolden verwenden, zerfallen die natürlich nicht. Es schadet aber nicht, auch sie mit dem Schaumlöffel des Öfteren unter die Oberfläche zu drücken, damit sie nicht die ganze Zeit oben auf der Würze dümpeln, sondern nach Möglichkeit von der Strömung erfasst werden. Decken Sie den Topf während des Kochens auf keinen Fall mehr ab.

Hopfengabe

Zerfallene Pellets sofort unterrühren

Wichtig

Die Kochdauer zählt nicht ab dem Kochbeginn, sondern ab der ersten Hopfengabe.

Die Würze muss ab der ersten Hopfengabe 90 Minuten lang kochen, damit sich die Bitterstoffe, die Humulone, aus dem Hopfen lösen können. Doch nur ein Teil der Humulone wird in eine wasserlösliche Form gebracht (isomerisiert), und das auch noch mit abnehmender Geschwindigkeit. Bei einer

Würze für ein normal starkes Bier (angestrebt etwa zwölf Prozent Stammwürze) wandeln sich nach einer Stunde gerade einmal 26 Prozent um, nach weiteren 30 Minuten lediglich weitere zwei Prozent. Der größte Teil der Bitterstoffe (hier: 72 Prozent) bleibt also ungenutzt. Längeres Kochen würde nur noch Energie verbrauchen, ohne einen nennenswerten Zuwachs an Bitterstoffen zu bewirken, daher genügt eine Kochzeit von maximal 90 Minuten.

Zweite Hopfengabe

Nun sind im Lupulin aber nicht nur schwer lösliche Bitterstoffe (Humulone) enthalten, sondern auch eine Reihe weiterer Substanzen wie Hopfenharze, Hopfenöle und Aromastoffe, die teilweise leicht flüchtig sind, wie man nach der Hopfengabe sofort riecht. Nach dem Kochen sind sie längst verduftet.

Zugabe von Dolden, hier sogar aus eigener Ernte

Wir hätten aber gerne einige davon im Bier, denn dieses soll ja nicht nur eine gewisse Bittere aufweisen, sondern auch ein angenehmes Hopfenaroma, welches hochwertige Biere krönt.

Daher arbeiten wir mit einer zweiten Hopfengabe. Diese hat auf die Bittere keinen großen Einfluss mehr, wohl aber auf das Aroma, denn da sie nur zehn Minuten mitkocht, können nicht so viele Aromastoffe entweichen. Weil nun die erste Hopfengabe vor allem Bittere ins Bier bringt, heißt sie Bitterhopfengabe. Die zweite Hopfengabe sorgt hingegen für das Hopfenaroma, weshalb sie Aromahopfengabe heißt.

Zehn Minuten vor Kochende, also 80 Minuten nach der ersten Hopfengabe, müssen Sie das letzte Drittel Hopfen zugeben. Wenn Sie Pellets verwenden, müssen Sie natürlich auch die sofort wieder unterrühren.

Wichtig

Das verbleibende Drittel des Hopfens kocht nur die letzten zehn Minuten lang mit. Dies wird in den Rezepten meist nicht erwähnt, sondern als bekannt vorausgesetzt.

Nach insgesamt 90-minütigem Kochen schalten Sie den Topf aus und lassen die Würze sich noch eine Weile beruhigen, bevor es ans Ausschlagen geht. Während des Kochens hatten Sie nichts weiter zu tun, als den Hopfen zuzugeben. Die Zeit konnten Sie nutzen, um Ihre Eimer zu spülen, damit sie für das Ausschlagen bereit stehen.

Wichtig

Zum Reinigen brauchen Sie keinerlei Reinigungsmittel. Die sind sogar eher schädlich, weil Rückstände an den Gefäßen haften bleiben und das Bier oder die Hefe schädigen können. Da die Würze kein Fett oder ähnliche Problemstoffe enthält, brauchen Sie keine Spül- oder Reinigungsmittel. Klares, heißes Wasser genügt. Beim Verzicht auf aggressive Chemikalien bildet sich mit der Zeit zwar eine gewisse Patina aus Gerbstoffen usw. in den Kunststoffeimern, aber die ist unschädlich und außerdem redlich verdient.

Das Ausschlagen

Für das *Ausschlagen* bauen Sie die Eimer wieder auf wie für das Läutern. Mit zwei Änderungen. Der Seiher ist nun nicht mehr erforderlich. Und anstelle des Maischesacks müssen Sie das feine Trubfiltergewebe in den Filtereimer hängen und mit dem beiliegenden Gummiband außen am Rand befestigen.

Tipp

Das Trubfiltergewebe hält – einlagig verwendet – meist nur etwa fünf bis zehn Sude. Wenn Sie das große Tuch halbiert oder geviertelt haben, reichen sämtliche Teile beträchtliche Zeit. Sie können das Gewebe aber gut durch eine Mullwindel ersetzen, die Sie mit Wäscheklammern am Eimerrand fixieren, falls kein passendes Gummiband (mehr) verfügbar ist.

Warten Sie nach dem Kochende etwa zehn Minuten, bevor Sie mit dem Ausschlagen beginnen. In dieser Zeit können Sie vier bis sechs Halbliter-Bügelflaschen, die Sie gleich benötigen, gründlich ausspülen und mit etwas heißem Wasser füllen, um sie vorzuwärmen. Sie sind für die Speise gedacht.

Filtern

Ausschlagen – das zweite Filtern

Die Würze hat sich ein wenig beruhigt und die Trubstoffe – ein Gemisch von Eiweißbruch und ausgelaugtem Hopfen – sind abgesunken (wirbeln aber gleich wieder auf). Füllen Sie die Würze nun in den Trubfilter. Anfangs fließt sie flott ab, doch bald setzt sich das Filtergewebe zu und die Geschwindigkeit lässt spürbar nach. Nun macht sich die Größe des Filtereimers sehr vorteilhaft bemerkbar. Geben Sie einfach nach und nach die gesamte Würze hinein. Sie läuft von alleine durch. Das koagulierte Eiweiß (Eiweißbruch) bleibt samt Hopfentreber als Schlamm im Filter zurück, während die Würze erneut im Brau- und Gäreimer aufgefangen wird. Bis der letzte Liter durchgelaufen ist, dauert es in der Regel noch eine Weile. Eine halbe bis eine Stunde, manchmal auch länger, sollten Sie schon einkalkulieren. In der Zwischenzeit können Sie anderen Beschäftigungen nachgehen.

Speise abfüllen

Nachdem Sie einige Liter Würze in den Filter gekippt haben, sollten Sie das Ausschlagen unterbrechen und zunächst – solange die Würze noch möglichst heiß ist – die Speise abfüllen. Dafür haben Sie eben die Flaschen gespült und temperiert. Nehmen Sie zehn Prozent des gesamten Sudes (also zwei Liter bei einem 20-Liter-Sud) für ein untergäriges Bier, 15 Prozent des Sudes (also drei Liter) für ein obergäriges Bier. Dies sind allerdings nur Richtwerte, die Sie bei Bedarf Ihren speziellen Rahmenbedingungen (Brauverfahren, Hefe, Gär- und Lagerraumtemperatur) anpassen können.

Speise abfüllen, solange die Würze noch möglichst heiß ist

Gießen Sie zunächst das warme Wasser aus den Flaschen. Zum Befüllen halten Sie die Flaschen am besten mit einem Lappen, denn sie werden schnell sehr heiß. Verschließen Sie die Flasche nach dem Befüllen sofort und drehen Sie sie mehrfach um, damit auch am Deckel sitzende Keime unschädlich gemacht werden. Noch wirkungsvoller ist es, die Flaschen mit der Speise im Anschluss einige Minuten lang hinzulegen.

Achtung

Die Speise ist sehr empfindlich und muss, sobald sie abgekühlt ist, möglichst kalt gelagert werden.

Aufgabe der Speise wird es sein, für eine wohldosierte Nachgärung zu sorgen. Erst am Ende der Hauptgärung benötigen Sie die Speise. Wir kommen darauf zurück.

Tipp

Die genaue Menge der Speise sollten Sie im Laufe der Zeit Ihrer Arbeitsweise anpassen, denn jeder braut etwas anders und es kann sein, dass Ihre optimale Speisemenge von den Richtwerten abweicht. Wenn das Bier ständig zu spritzig wird, reduzieren Sie die Speisemenge. Fehlt es ihm regelmäßig an Spritzigkeit, dann braucht es mehr Speise.

Nach dieser kurzen Unterbrechung fahren Sie mit dem Ausschlagen fort, wie oben beschrieben. Wenn Sie damit durch sind, muss die Würze auskühlen, bevor die Hefe zugegeben werden kann. Diese Zeit möchte ich für einen kleinen Exkurs nutzen.

Exkurs: Brauen mit Malzextrakt

Für viele Hobbybrauer sind *Malzextrakte* der Einstieg in dieses schöne Hobby und machen Appetit auf mehr. Denn Malzextrakte sind Fertigmischungen, die man nicht mehr so recht beeinflussen kann, weshalb vielleicht eines Tages der Umstieg auf *Vollmaischebiere* – bei denen man alles selbst macht – reizt.

Aber auch, wer normalerweise Vollmaischebiere braut, kann sich ausnahmsweise mit einem Extraktbier konfrontiert sehen, weil er/sie entweder Extrakt geschenkt bekommen hat, oder weil aus irgendwelchen Gründen ganz dringend ein Bier gebraut werden muss, obwohl eigentlich gar keine Zeit vorhanden ist. Daher möchte ich in einem Exkurs das Brauen mit Malzextrakten vorstellen.

Dies geht weit schneller vonstatten als das bislang in diesem Buch beschriebene Verfahren. Fertigextrakte sind allerdings vergleichsweise teuer. Immerhin kann sich die Qualität bei den meisten Extrakten inzwischen durchaus sehen lassen, und so können Sie erhobenen Hauptes auch mal ein Extraktbier anfertigen. Ihre Gäste werden es wohl kaum merken.

Wichtig

Das Maischen, Läutern, Ausschlagen und meist auch das Hopfenkochen entfallen beim Brauen mit Malzextrakt, denn Sie verwenden bereits fertige und stark konzentrierte Würze in Form von zähflüssigem Sirup, den Sie quasi nur noch mit Wasser rückverdünnen müssen.

Fertigkits

Der Fachhandel bietet Fertigkits für die unterschiedlichsten Biere an. Eigentlich sollte für jeden Geschmack das passende dabei sein, denn neben den gängigen finden sich auch eher ausgefallene Sorten wie Altfränkisches Braunbier, Belgisches Klosterbier oder Rauchbier.

Da es je nach Hersteller verschiedene Methoden geben kann, stelle ich Ihnen hier nur die Grundzüge des Extraktbrauens vor. Geringfügige Abweichungen – falls überhaupt erforderlich – entnehmen Sie bitte der beiliegenden Gebrauchsanweisung.

Extrakt wird beispielsweise in 1,5-Kilo-Dosen für die jeweilige Biersorte angeboten. Hefe und eine Gebrauchsanweisung liegen in der Regel bei.
Für 22 Liter Bier (gängige Größe) fehlen dann noch 1,5 Kilo Zucker oder eine Dose Gerstenmalzextrakt – und natürlich das Wasser.

Gerstenmalzextrakt ist die bessere und elegantere Lösung, denn bei der Verwendung von Zucker – abgesehen vom Naserümpfen, welches sich bei dem Gedanken unwillkürlich einstellt – schmeckt das spätere Bier recht dünn. Zucker bringt zwar Alkohol, aber kein Aroma ins Bier.

Im Gegensatz zu den Extrakten für bestimmte Biersorten ist Gerstenmalzextrakt neutral und ungehopft. Auch aus diesem Gerstenmalzextrakt können Sie ein Bier brauen, indem Sie davon eine zweite Dose oder wiederum 1,5 Kilo Zucker nehmen. Allerdings muss dann noch in irgendeiner Form Hopfen hinzugegeben werden. Dazu gleich mehr.

Wichtig

Hier noch einmal die vier Kombinationsmöglichkeiten im Überblick (die Reihenfolge der Nennungen ist zugleich eine qualitative Rangfolge):

1. *1 Dose Extrakt der Biersorte + 1 Dose Gerstenmalzextrakt*
2. *1 Dose Extrakt der Biersorte + 1,5 kg Zucker*
3. *2 Dosen Gerstenmalzextrakt + Hopfenauszüge (s.u.)*
4. *1 Dose Gerstenmalzextrakt + 1,5 kg Zucker + Hopfenauszüge (s.u.)*

Meiner Ansicht nach ist nur die erste Variante wirklich einigermaßen konkurrenzfähig, denn mit Zucker anstelle von Malz(extrakt) fehlt es dem Bier an Geschmacksintensität, und Hopfenauszüge sind kein gleichwertiger Ersatz für echten Hopfen.
Die vierte Variante am unteren Ende der Skala hingegen ist schon als grob unanständig zu bezeichnen und sei nur der Vollständigkeit halber erwähnt. Da hat man von fertigem Billigbier – so bescheiden es auch schmecken mag – mehr.

Wenn der Extrakt beispielsweise für 22 Liter Bier gedacht ist, müssen Sie insgesamt 22 Liter Wasser zugeben (denn der Extrakt löst sich darin).
Und so funktioniert das Extraktbrauen...

So geht's

Erhitzen Sie zwei bis drei Liter Wasser im Sudkessel und geben Sie die erste Dose Malzextrakt hinein. Anschließend geben Sie Gerstenmalzextrakt (die zweite Dose) oder Zucker (wenn's wirklich sein muss – lohnt sich aber nicht) hinzu und sorgen dafür, dass der Sirup sich auflöst.

Mit heißem Wasser lösen und spülen Sie den restlichen Sirup aus den Dosen. Jetzt haben Sie also eine stark konzentrierte Mischung von zwei Dosen Extrakt (oder Zucker) und vier bis fünf Litern Wasser (zum Lösen des Extrakts und zum Ausspülen der Dosen) vorliegen. Das Gemisch müssen Sie nun sorgfältig verrühren, erhitzen und eine halbe Stunde lang kochen.

Wenn Sie ungehopften Extrakt verwendet haben, müssen Sie die Bittere durch isomerisierten Hopfen und das Hopfenaroma durch Hopfenöl einstellen. Beides gibt es im Fachhandel. Richten Sie sich bei der Dosierung nach den Anweisungen des Herstellers.

Nun fehlen noch ungefähr 17 - 18 Liter Wasser. Geben Sie nach dem Kochen einfach die entsprechende Menge an kaltem Wasser zu, und schon ist die Würze in der Regel kalt genug zum Anstellen.

Wichtig

Beim Extraktbrauverfahren haben Sie einschließlich des Kochens kaum eine Stunde benötigt, um an diesen Punkt zu gelangen. Beim Vollmaischebier brauchen Sie hingegen fünfeinhalb bis sechs Stunden zuzüglich der Zeit für das Abkühlen, bis die Hefe zugegeben werden kann.

Ab jetzt ist mit der Extraktwürze ebenso zu verfahren wie mit einer Vollmaischewürze. Es folgt das Anstellen.

Kühlen, Spindeln und Anstellen

Das Anstellen ist die Zugabe der Hefe – damit aus der Würze endlich Bier wird. Weil die Hefe aus Lebewesen besteht, die in heißer Würze nicht überleben können, muss letztere abkühlen. Bei etwa 20 °C messen Sie mit Ihrer Würzespindel die Stammwürze und mischen anschließend die Hefe in die Würze. Trockenhefe müssen Sie vorher allerdings noch in eine gärfähige Verfassung bringen.

Kühlen

Zunächst muss die heiße Würze abkühlen. Es gibt verschiedene Möglichkeiten, diesen Prozess zu beschleunigen, damit sie den kritischen Bereich zwischen 50 und 30 °C, in dem Keime sich besonders gut vermehren, möglichst schnell hinter sich bringt. Viele Hobbybrauer hängen beispielsweise eine von kaltem Wasser durchströmte Kühlspirale aus Kupfer in die Würze. So ein Ding steht bei mir auch noch herum, aber diese aufwändige Prozedur habe ich schon vor Jahren abgeschafft. Das Kühlen selbst erledigt man damit zwar in einer halben Stunde, Auf- und Abbau mit der Montage sämtlicher Schläuche und die anschließende Reinigung machen jedoch viel Arbeit, die verzichtbar ist.

Wenn Sie mit dem beschriebenen Eimerset arbeiten, genügt es nämlich, die Würze im verschlossenen Gärbottich bis zum nächsten Morgen stehen zu lassen. Dann sollte sie abgekühlt sein. Einfacher geht es nicht. Bei kaltem Wetter und kräftigem Wind ist die Würze vielleicht auch bereits am selben Abend kühl genug. Warum dies funktioniert? Weil die noch fast kochend heiße Würze durch den Filter in den Gäreimer fließt und darin vorhandene Keime weitgehend abtötet. Der Eimer bleibt verschlossen, und so können auch kaum neue Keime hinzukommen.

Tipp

Möglichst schnelles Kühlen der Würze wird häufig als notwendig angesehen, ist aber bei dem beschriebenen Eimerset nicht erforderlich. Sofern Sie dieses (ordnungsgemäß) verwenden, können Sie die Würze einfach stehen lassen, bis sie ausgekühlt ist.

Theoretische Bedenken bleiben immer. Meine Erfahrung aus über zweihundert Suden mit dieser Vorgehensweise zeigt freilich, dass die Praxis oft viel praktischer ist als die Theorie. In Seminaren an wechselnden Orten muss ich die Würze häufig sogar während des Kühlens umfüllen und nach Hause transportieren. Nicht einmal dies bereitet Probleme. Selbstverständlich bleibt es Ihnen unbenommen, im Zweifel lieber doch mit einer Kühlspirale zu arbeiten und die Würze schnell zu kühlen.

Trockenhefe rehydrieren

Wenn Sie mit Trockenhefe arbeiten wollen, muss diese vor dem Anstellen rehydriert, also gärfähig gemacht werden. Ihr Stoffwechsel muss auf Touren kommen. Das dauert fast eine Stunde. Um unnötige Verzögerungen zu vermeiden, können Sie damit bereits beginnen, wenn das Kühlen dem Ende entgegen geht und abzusehen ist, dass die Hefegabe in der nächsten Stunde erfolgen kann. Entnehmen Sie etwa 100 ml Würze und kühlen diese Probe gegebenenfalls auf 20 - 25 °C. Lassen Sie Hefe (ein Päckchen für ca. 20 Liter Würze enthält je nach Hersteller ungefähr sieben bis zwölf Gramm, reicht aber auch für 30 Liter und mehr)

Vorbereitung der Trockenhefe zum Rehydrieren

langsam hineinrieseln. Schwenken Sie die Probe eifrig, damit die Hefe nicht klumpt und sich ordentlich mit der Würze mischt. Sollten sich dennoch Klumpen bilden, zerdrücken Sie diese mit einer Gabel.

Schwenken Sie die Würze mit der Hefe immer wieder, bis die Hefe sich aufgelöst und gleichmäßig verteilt hat. Nun können Sie die milchige Probe stehen lassen. Decken Sie sie vorsichtshalber ab, damit keine Insekten hineingeraten.

Nach einer halben bis einer Stunde sollte die ehemalige Trockenhefe deutliche Lebenszeichen von sich geben. Bläschen steigen auf, vielleicht bilden sich erste Anzeichen von Schaum und ein süßlicher Gärgeruch macht sich bemerkbar. Sie ist bereit zum Anstellen und wird fortan behandelt wie Flüssighefe. Doch vorher müssen Sie noch die Stammwürze messen.

Stammwürze messen (Spindeln)

Was ist überhaupt die *Stammwürze*? Sie ist ein Spezialfall des Extraktgehalts. Der *Extraktgehalt* sagt aus, wie viel gelöste Stoffe – hauptsächlich Zucker – sich in der Würze befinden. Und zwar auf das Gewicht bezogen, nicht auf das Volumen. Bei einem Extraktgehalt von beispielsweise 12 Prozent enthalten 100 Gramm Würze also 12 Gramm gelöste Stoffe. Die restlichen 88 Gramm sind Wasser.

Der Extraktgehalt ändert sich jedoch. Während des Kochens nimmt er zu, weil Wasser verdampft. Während der Gärung nimmt er wieder ab, weil Zucker abgebaut, nämlich in Alkohol und Kohlensäure umgewandelt wird. Beim Anstellen hat der Extraktgehalt seinen maximalen Wert. Diesen bezeichnet man als Stammwürze.

Während der Gärung reduziert sich der Extraktgehalt auf vielleicht drei oder vier Prozent, vielleicht auch mehr oder weniger. Irgendwann ist jedenfalls ein Punkt erreicht, an dem es nicht mehr weiter abwärts geht, die Gärung also beendet ist. Jetzt ist nur noch der *nicht vergärbare Restextrakt* vorhanden – also der *nicht vergärbare Zucker*, das Dextrin.

Wichtig

Das Spindeln ist eine Dichtemessung. Die Dichte des Wassers ändert sich aber mit der Temperatur, daher muss die Temperatur berücksichtigt werden, was dadurch geschieht, dass Spindeln auf 20 °C geeicht sind. Ihre Würze sollte also diesem Wert möglichst nahe kommen. Abweichungen von etwa drei Grad liegen unterhalb der Messtoleranz einfacher Spindeln und sind zu vernachlässigen.

Zum Spindeln zapfen Sie genügend ausgekühlte Würze in den Spindelzylinder. Sie können die Würze übrigens anschließend in den Gärbottich zurückgeben, damit sie nicht verloren geht.

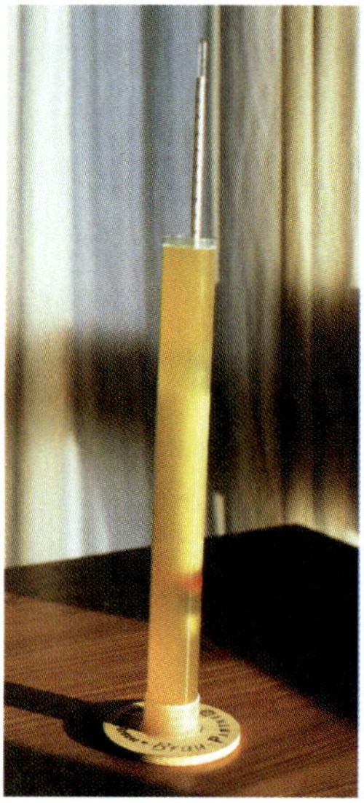

Spindeln – Stammwürze oder Extraktgehalt werden ermittelt

Nun muss die Spindel langsam in die Würze eintauchen. Seien Sie schön vorsichtig dabei und lassen Sie sie nicht einfach hineinsausen. Die Spindel enthält eine Skala. In Höhe der Würzeoberfläche lesen Sie auf dieser Skala den Extraktgehalt ab. Falls Sie Biersteuer zahlen müssen, brauchen Sie diesen Wert. Aber auch sonst ist er wichtig, denn er sagt Ihnen, ob Sie einigermaßen gut gearbeitet haben.

Wenn Sie genau hinsehen, erkennen Sie, dass sich die Oberfläche direkt am Glas der Spindelskala ein wenig nach oben zieht. Diese Wölbung nennt man Meniskus. Nun fragt sich, ob der richtige Wert in Höhe der Oberfläche oder des oberen Meniskus abzulesen ist – immerhin ein Unterschied von etwa einem Teilstrich. Hier gilt: Üblicherweise ist in Höhe der Oberfläche abzulesen. Ist die Spindel anders geeicht, was häufig vorkommt, steht „Ablesung oben“ oder ähnliches auf der Spindel und Sie müssen den Wert am oberen Meniskus ablesen.

Achtung

Wenn Sie den im Rezept vorgegebenen Wert weit (um mehr als einen Prozentpunkt) unterschreiten, sollten Sie Ihre Arbeitsweise überprüfen, denn vermutlich lässt sich die Ausbeute verbessern. Liegen Sie weit darüber, erhalten Sie entweder ein stärkeres Bier als geplant, oder Sie verdünnen die Würze mit Wasser auf den angestrebten Wert. Auch dann sollten Sie herausfinden, warum Sie den angepeilten Wert verfehlt haben, und entsprechende Korrekturen vornehmen.

Gewisse Abweichungen lassen sich womöglich mit veränderten Umgebungsbedingungen gut erklären. Ist beispielsweise der Sudkessel beim Kochen im Winter kalter Luft und kräftigem Wind ausgesetzt, verkocht deutlich weniger Wasser als gewohnt. Es kommt zu einer geringeren Konzentration, also einer niedrigeren Stammwürze. Dafür bleibt mehr Flüssigkeit erhalten. Bei warmer Umgebung und fehlendem Wind (drinnen) können mehrere Liter Wasser zusätzlich verkochen, wodurch die Stammwürze ansteigt, am Ende aber weniger Flüssigkeit vorhanden ist.

Vor der Hefezugabe weist die Würze den maximalen Extraktgehalt auf. Diesen Wert – die Stammwürze – haben Sie soeben ermittelt.

Anstellen

Nun kommt also mit der Hefe das vierte Element ins Spiel. Sie nehmen entweder Flüssighefe oder rehydrierte Trockenhefe (siehe oben).
Wenn Sie sich Frischhefe in einer Brauerei organisieren können, sollten Sie davon etwa ein halbes Prozent der Würzemenge verwenden (bei 20 Litern Würze also 100 ml Hefe). Bei gekaufter Flüssighefe ist meist eine Packung für einen 20-Liter-Sud vorgesehen. Letztlich sind bei der Hefemenge aber größere Abweichungen möglich. Mehr Hefe beschleunigt den Gärbeginn (was von Vorteil ist), weniger Hefe zögert ihn hinaus. Zuviel Hefe wiederum kann einen unerwünschten Hefegeschmack hervorrufen.

Beim *Anstellen* kippen Sie einfach die Hefe in den Gärbottich. Aber damit ist es nicht getan. Sofort nach der Hefezugabe müssen Sie die Würze kräftig durchlüften, weil die Hefe für den Gärbeginn Sauerstoff benötigt. Dazu gießen Sie die Würze zwischen mehreren Eimern hin und her, oder Sie schlagen sie mit einem großen Schneebesen etwa eine Minute lang kräftig durch. Es geht darum, Luft in die Würze zu mischen.

Achtung

Vom Durchlüften hängt ohne Übertreibung das Schicksal Ihres Bieres ab. Sind Sie hier nachlässig, kann sich der Gärbeginn erheblich verzögern. Vermehren unerwünschte Fremdkeime sich auf ein kritisches Maß, bevor die Hefe richtig loslegt, kann eine Infektion der Würze die Folge sein. Dann sind Hopfen und Malz verloren.

Wenn nach acht bis zwölf Stunden noch immer keine Anzeichen einer Gärung zu erkennen sind, ist das zwar noch kein Grund zur Besorgnis, aber trotzdem können Sie das Durchlüften vorsichtshalber wiederholen. Dies war das Anstellen. Und nun ist es Aufgabe der Hefe, für die Gärung zu sorgen.

Hauptgärung und Abfüllen

Die Hauptgärung findet im (eigentlich) offenen Gärbottich statt, denn es entsteht sehr viel Kohlendioxid, das ungehindert entweichen muss. Ganz offen sollte der Gärbottich aber doch nicht bleiben, um die Würze vor Insekten und anderen Verunreinigungen zu schützen. Daher sollten Sie den vorhandenen Deckel lose auf den Bottich legen oder alternativ ein Tuch darüber ausbreiten. Ein Gäraufsatz wie bei der Weinherstellung ist nicht erforderlich.

Die Gärung kann einen Tag und weniger, aber auch zwei Wochen und länger dauern. Ihre Dauer hängt vom Hefestamm, der Raumtemperatur, der Durchlüftung beim Anstellen, dem Alter der Hefe und anderen Faktoren ab. Obergärige Biere vergären oft – aber nicht grundsätzlich – schneller als untergärige.

Achtung

Sorgen Sie vor allem dafür, dass die zum Gären nötige Mindesttemperatur nicht unterschritten wird, sonst können Sie lange auf die Gärung warten und es besteht die Gefahr einer Fehlgärung. Richten Sie sich bei der Mindesttemperatur unbedingt nach den Anweisungen des Herstellers oder Lieferanten, nicht nach allgemeinen Informationen aus irgendwelchen Büchern, weil es mancherlei Besonderheiten geben kann. Bei vielen Hefen muss beispielsweise bis zur Kräusenbildung eine Temperatur von über 21 °C (70 °F steht auf U.S.-Produkten) vorliegen, danach kann die gärende Würze kühler gestellt werden.

Generell gilt, dass die Gärraumtemperatur sich bevorzugt am unteren Ende der empfohlenen Bandbreite bewegen sollte. Eine kühlere Gärung führt zu höherwertigen Ergebnissen als eine wärmere, bei der mehr Fuselalkohole entstehen, welche die Bekömmlichkeit des Bieres mindern und verstärkt Kopfschmerzen bereiten können.
Andererseits verfügen die meisten Hobbybrauer nicht über beliebig regelbare Kühlräume und müssen daher mit dem auskommen, was sie haben. Auch nicht schlimm. Wie so häufig gilt hier, dass perfekte Bedingungen zwar optimal wären, dass aber nicht gleich Unheil droht, wenn sie nicht erreichbar sind.

Wichtig

Unterschreiten Sie die für die jeweilige Hefe erforderliche Gär-Mindesttemperatur auf keinen Fall. Wenn Sie den empfohlenen Temperaturbereich überschreiten müssen, dann so wenig wie möglich.

Das Ankommen

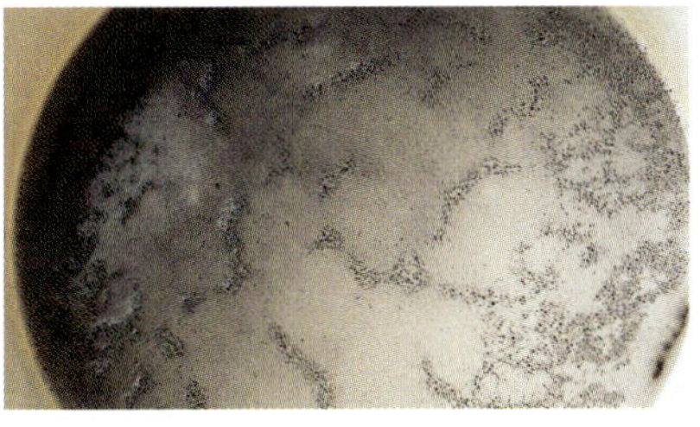

Das Ankommen

Normalerweise dauert es einige Stunden, manchmal auch einen Tag oder länger, bis die sichtbare Gärung beginnt. Zunächst ist die Würzeoberfläche blank, wenn sich nicht gerade noch Schaumreste vom Durchlüften darauf befinden.

Irgendwann sind weiße Punkte zu entdecken – erste Gärbläschen. Aus denen werden kleine, dann größere Inseln. Diese wachsen zu einer dünnen, geschlossenen Schicht aus feinem, weißen Schaum zusammen, dem *Ankommen*. Endlich ist die Hefe dort angekommen, wo wir sie haben wollen.

Kräusenbildung

Wichtig

Das Ankommen zeigt, dass die Gärung begonnen hat.

Die Kräusen

Die Gärung nimmt an Intensität zu. Der Schaum wird dicker und wächst zu einem „Hügel" oder einer „Landschaft", den *Kräusen*. Auf den höchsten Erhebungen sammeln sich braune Rückstände an – nicht gelöste Bitterstoffe, Gerbstoffe usw., die während der Gärung abgesondert werden. Indem diese Partikel aus der Würze verschwinden, wird sie bis zum Abfüllen etwas heller.

Wichtig

Während der Kräusenbildung sollte langsam ein intensiver, aber angenehmer Gärgeruch auftreten.

Die Decke

Die Kräusen breiten sich aus und bilden eine gleichmäßig dicke *Decke*, auf der sich auch die Rückstände einigermaßen gleichmäßig verteilen. Nun befindet sich die Gärung in ihrer intensivsten Phase.

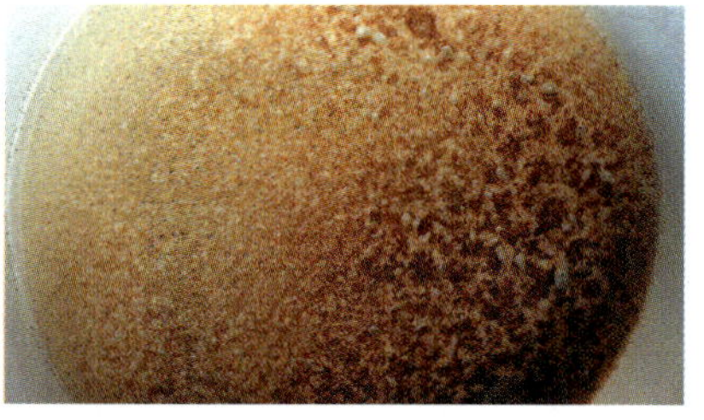

Deckenbildung

Tipp

Mit einem sauberen Teesieb können Sie den Schaum samt Rückständen zwischendurch entfernen. Es bildet sich bald neuer Schaum, und entfernte Rückstände können keinen Schaden (Beeinträchtigung des Geschmacks) mehr anrichten.

Das Aussehen des Gärschaums kann stark variieren. Es ist abhängig von Hefe, Würzezusammensetzung, Temperatur und anderen Faktoren. So ist eine großblasige Gärung bei manchen Trockenhefen völlig normal. Hierbei treten kurz vor dem Gärende Blasen auf, die durchaus Tennisballgröße erreichen können.

Wenn die Intensität der Gärung nachlässt (die Decke wird dünner), können Sie allmählich anfangen, Ihre Flaschen zu spülen.

Flaschen spülen

Vor dem Abfüllen des Bieres, dem *Schlauchen*, müssen Sie die benötigten Gefäße reinigen. Das kann bereits einen Tag vor dem absehbaren Gärende geschehen.

Zunächst entfernen Sie die Dichtungsringe, übergießen diese in einem Gefäß mit kochendem Wasser und lassen sie einfach stehen.

Dann reinigen Sie die Flaschen innen und außen mit heißem, klarem Wasser. Aufwändiges Sterilisieren erweist sich in der Regel als nicht notwendig (ich habe es jedenfalls noch nie gemacht, und das ist bislang über mehr als 250 Sude gut gegangen). Reinigen Sie die Flaschen von außen mit einem weichen Lappen oder Schwamm. Vergessen Sie die Verschlüsse nicht. Reinigen Sie die Flaschen innen mit einer Flaschenbürste. Lassen Sie die Flaschen abtropfen, indem Sie sie umgekehrt in ihre Kiste oder auf einen Flaschenbaum stellen. Drehen Sie die Flaschen nach einiger Zeit wieder um. Stülpen Sie die Dichtungen auf die Deckel. Das war's eigentlich schon. Direkt im Anschluss können Sie die Flaschen befüllen.

Verwenden Sie zum Spülen der Flaschen und anderen Gerätschaften keine Chemikalien. Dies ist nicht nötig. Schlimmstenfalls können Rückstände davon ins Bier geraten.

Tipp

Spülen Sie die Flaschen nach dem Austrinken grundsätzlich sofort mit heißem Wasser aus und lassen Sie sie abtropfen. So bildet sich darin kein Schimmel, was die spätere Reinigung wesentlich vereinfacht.

Gärende

Ende der Hauptgärung

Nähert sich die Gärung dem Ende, wird die Schaumdecke langsam dünner und verschwindet schließlich weitgehend. Außerdem steigen kaum noch Bläschen auf. Nun schwimmen die Rückstände —falls nicht bereits entfernt – direkt auf dem *Jungbier*. Aus der Würze ist nämlich Jungbier geworden, welches noch einige Wochen lang reifen muss.

Bevor es weitergeht, müssen Sie mit einem Teesieb sämtliche eventuell noch auf der Oberfläche schwimmenden und am Rand hängenden Schaumreste und Rückstände vollständig entfernen. Die Oberfläche muss wieder blank sein.

Nicht vergärbarer Restextrakt

Nun messen Sie mit der Spindel nach bekanntem Verfahren den nicht vergärbaren Restextrakt. Das ist hauptsächlich Zucker (Dextrin), den die Hefe nicht abbauen konnte. Er bleibt im Bier erhalten und verleiht ihm seine Süße.

Die genaue Höhe des Restextraktes ist von mehreren Faktoren abhängig, nämlich vor allem von der Menge Ihrer Schüttung, der Maltoserast und auch der Hefe selbst, denn verschiedene Hefen vergären den vergärbaren Extrakt unterschiedlich vollständig. Wenn Sie nicht gerade ein Starkbier gebraut haben, bei dem er höher liegen kann, sollte der nicht vergärbare Restextrakt sich irgendwo unterhalb von fünf Prozent bewegen.

Achtung

Überschreitet er diesen Wert deutlich, dann könnte es sein, dass die Gärung noch gar nicht beendet, sondern lediglich eingeschlafen ist, weil die Temperatur zu weit abgesunken ist. In diesem Fall sollten Sie die Würze wärmer stellen, damit die Gärung wieder einsetzt.

Speisezugabe

Direkt nach dem Spindeln geben Sie die Speise zu, die eine ausreichende Nachgärung gewährleisten soll. Stellen Sie die Speise in den letzten Stunden neben den Gäreimer, damit ihre Temperatur ungefähr der des jungen Bieres entspricht. Andernfalls könnte die Speise aufgrund der höheren Dichte absinken, statt sich gleichmäßig zu verteilen.

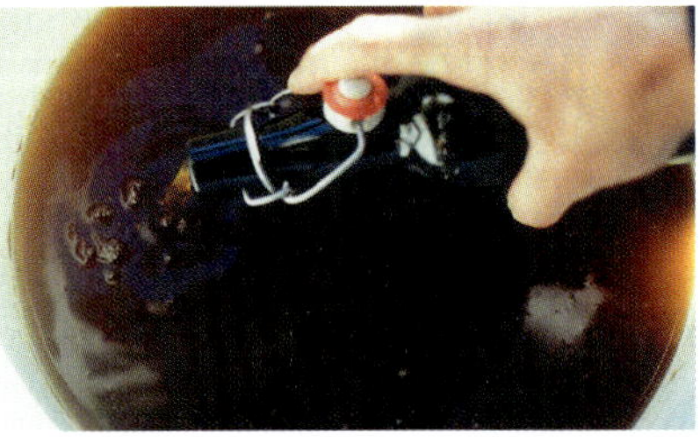

Speisezugabe

Wenn Sie die Speise heiß abgefüllt haben, muss in den Flaschen ein Unterdruck herrschen. Es kann aber passieren, dass Sie beim Öffnen einer Flasche mit Speise aufgrund des Geruchs oder des fehlenden Vakuums feststellen, dass es darin zu einer außerplanmäßigen Gärung gekommen ist. Dann müssen Sie den Inhalt nicht gleich wegschütten. Meist sind überlebende Hefen vom vorherigen Sud in der Flasche aktiv geworden und haben ein wenig „stoffgewechselt", also zu gären begonnen. Wenn der betroffene Flascheninhalt zwar nach Gärung, sonst aber nicht schlecht riecht, können Sie ihn aufkochen (um die Keime abzutöten) und dann mit der restlichen Speise ins Jungbier geben. Erscheint Ihnen dies zu riskant, dann lassen Sie es bleiben und entsorgen die Speise – schade.

Wichtig

Rühren Sie nach der Speisezugabe das Jungbier nicht mehr um, damit der Bodensatz nicht unnötig aufgewirbelt wird. Keine Sorge – die Speise mischt sich auch so gut genug mit dem Sud, und genügend Hefe für die Nachgärung gelangt ebenfalls mit in die Flaschen.

Schlauchen

Direkt nach Speisezugabe füllen Sie das Bier in die frisch gereinigten Flaschen, was dank des Abfüllrohres sehr leicht und problemlos funktioniert. Indem Sie eine Flasche von unten gegen das Ventil des Abfüllrohres halten, öffnet es sich und das Bier fließt langsam in die Flasche hinein. Das funktioniert kinderleicht mit einer Hand und ist eine saubere Sache. Sie sollten lediglich einen Lappen unterlegen, um herabfallende Tropfen aufzufangen, die außen am Abfüllrohr hängen.

Schlauchen des Jungbieres mit Hilfe des Abfüllrohres

Der Füllpegel ergibt sich meist von alleine, denn damit die Flaschen nicht überlaufen, müssen Sie sie rechtzeitig nach unten wegziehen. Den Dreh haben Sie bald raus. Wenn dann das Abfüllrohr aus der Flasche verschwindet, sinkt der Pegel auf das richtige Maß. Verschließen Sie anschließend die Flaschen sofort.

Wichtig

Achten Sie darauf, dass die Dichtungen nicht rissig und porös sind, und dass die Verschlüsse gerade und fest auf den Flaschen sitzen. Andernfalls kann während der Lagerung zu viel Gas entweichen und es bildet sich kein ausreichender Druck. Alte Dichtungen sollten Sie auswechseln. Wenn ein Drahtbügel ausgeleiert ist und den Verschluss nicht fest anzieht, können Sie ihn abmontieren und mit einer Zange nachbiegen.

Zum Befüllen von Fässern nehmen Sie statt des Abfüllrohres einen geeigneten Schlauch. Dann wird auch direkt klar, woher die Bezeichnung *Schlauchen* für das Abfüllen des Jungbieres kommt.

Nachgärung und Reifezeit

Endlich haben Sie Ihr Bier glücklich in Flaschen (oder andere Gefäße) gefüllt. Aber das war's noch nicht ganz. Denn nun muss es nachgären und reifen. Oje, das dauert – dabei altert man um Wochen...

Nachgärung

Mit der unvergorenen Speise haben Sie der Hefe neues „Futter" zum Vergären geliefert. Erst die hierbei entstehende Kohlensäure macht Ihr Bier spritzig. Bei der Hauptgärung konnte und musste sie entweichen. Jetzt hingegen sind die Flaschen verschlossen und sie ist gezwungen, sich im Bier zu lösen. Ohne diesen Prozess wäre das Bier schal.

Wichtig

Da die Nachgärung eine Fortsetzung der Gärung ist, müssen die frisch befüllten Flaschen zunächst noch einige Tage lang bei der für die jeweilige Hefe erforderlichen Mindesttemperatur gelagert werden, wie bereits oben ausführlich erörtert. Andernfalls kann keine Nachgärung stattfinden.

Der Vollständigkeit halber sollte an dieser Stelle noch erwähnt werden, dass entgegen der nachlässigen Umgangssprache die aufsteigenden Bläschen keine Kohlensäure sind, sondern Kohlendioxid, welches sich unter Abspaltung von Wasser aus Kohlensäure bildet.

Lagerung

Nach drei bis vier Tagen schließlich, während denen die Gär-Mindesttemperatur eingehalten werden musste, sollten Sie Ihr Bier im Lagerraum so kalt wie möglich (natürlich frostfrei) aufbewahren und reifen lassen. Licht schadet ihm (je dunkler das Glas, desto weniger). Flaschen müssen stehen. Selbst bei ungünstigen Bedingungen wie höheren Temperaturen sollte Ihr Bier mindestens drei Monate lang haltbar sein. Meist erreicht es dieses Alter jedoch nicht – dafür gibt es ja den Hobbybrauer. Am besten schmeckt es etwa acht bis zwölf Wochen nach dem Abfüllen. Danach verliert es langsam seinen Charakter und wird nur noch älter.

Tipp

Während der Reifezeit verändert sich Ihr Bier gewaltig. Probieren Sie ruhig nach einer oder zwei Wochen mal eine Flasche. Sie können es ohnehin nicht abwarten. Von da an dürfte Ihr Bedürfnis nach vorzeitigem Konsum des Selbstgebrauten gestillt sein.

Das Bier kann anfangs sehr bitter (vom Hopfen) oder brenzlig (vom Röstmalz) schmecken, aber dies baut sich schnell ab und Ihr Bier wird von Woche zu Woche feiner. Wenn Sie kein dunkles Malz und relativ wenig Hopfen verwendet haben, kann Ihr Bier auch schon nach deutlich weniger als sechs Wochen genießbar sein.

Wichtig

Wenn Sie mehrere Sude gleichzeitig im Lager stehen haben, achten Sie darauf, dass die Kisten oder sonstigen Gefäße eindeutig gekennzeichnet sind, damit es nicht zu Verwechslungen kommt.

Etiketten

Viele Hobbybrauer möchten ihre Flaschen gerne mit Etiketten versehen, um das eigene Erzeugnis angemessen zu zelebrieren. Damit beeindrucken sie ihre Gäste gleich doppelt.
Sie können Etiketten selbst gestalten, aber auch vorbereitete Aufkleber im Fachhandel kaufen.
Alternativ können Sie ihnen selbst gebastelte Schildchen umhängen, für die Sie keinen Leim benötigen, was die Arbeiten des Aufklebens und Ablösens spart. Wenn die Informationen auf den Schildern nicht allzu sudspezifisch ausfallen, können Sie sie außerdem mehrfach verwenden.

Flaschenschilder zum Umhängen sparen viel Arbeit

Das Ergebnis

Öffnen und Einschenken

Endlich ist es soweit. Etwa sechs Wochen ist Ihr Bier gereift und kann genossen werden. Auf diesen Moment haben Sie lange gewartet. Aber trinken Sie nicht am ersten Tag gleich alles aus. Es wird noch besser. Nach ungefähr acht bis zwölf Wochen befindet es sich meist auf dem Gipfel seiner Karriere.

Wichtig

Plopp!!!

Da selbstgebrautes Bier oftmals sehr spritzig (*rezent*) ist, müssen Sie es vorsichtig einschenken, damit die Schaumbildung sich in Grenzen hält. Stürzen Sie das Bier nicht ins Glas, sondern lassen Sie es langsam aus geringer Höhe die Glaswand entlanglaufen.
Die Glasform ist nicht ohne Bedeutung für die Schaumintensität. Eine scharfe Bodenkante im 90-Grad-Winkel, wie bei zylindrischen Gläsern oft anzutreffen, erzeugt eine Menge Schaum und damit Probleme bei ohnehin spritzigen Bieren. Daher sind bauchige Gläser oder Biertulpen mit sanfter Wölbung besser geeignet.

So schön kann Bier sein!

Obwohl ungefiltert, kann selbstgebrautes Bier sehr klar sein, da die Trubstoffe sich am Flaschenboden absetzen. Wie schnell und vollständig dies geschieht, hängt von der Hefe ab. Manche Hefen bilden ein ziemlich festes Sediment, welches sich kaum aufschütteln lässt.
Trub kommt erst mit dem aufgewirbelten Bodensatz ins Glas. Er besteht aus Hefe, die ja für die Nachgärung mit in die Flaschen musste und daher unvermeidlich ist. Zwar ist die Bierhefe gesund, aber allzu viel möchten die meisten Bierfreunde davon dann auch wieder nicht im Glas haben – aus optischen Gründen (da helfen zur Not Steingutkrüge) und wegen des ab einer gewissen Menge sehr dominanten Hefegeschmacks. Lassen Sie also den Bodensatz ruhig weitgehend in der Flasche und bemühen Sie sich, den Inhalt einer Flasche ohne Absetzen derselben auf einen Rutsch ins Glas zu kriegen. Je häufiger Sie die Flasche während des Einschenkens abstellen, desto mehr Hefe wird aufgewirbelt.

Tipp

Das Einschenken selbstgebrauten Bieres will gelernt sein. Vielleicht gelingt es nicht auf Anhieb zu Ihrer Zufriedenheit, aber das ging und geht den meisten Hobbybrauern nicht anders. Sie werden den Dreh bald heraushaben.

Damit kann ich nur sagen: Auf Ihr Wohl.
Und falls sich größere Probleme zeigen, lesen Sie einfach weiter. Jedem Hobbybrauer werden diese früher oder später begegnen: Zuviel oder zuwenig Druck auf den Flaschen. Beides lässt sich normalerweise beheben – auch nach Wochen noch. Es ist aber zu unterscheiden, ob das jeweilige Problem den gesamten Sud oder nur einzelne Flaschen betrifft.

Flaute in der Flasche

Zu geringer Druck –schales Bier also – kommt eher selten vor. Wenn Sie mit Speise arbeiten, dürfte eine ausreichende Nachgärung sicher sein, sofern die Mindesttemperatur stimmt. Ist das Bier aber dennoch schal, ergreifen Sie folgende Maßnahmen:

Sind nur einzelne Flaschen betroffen, liegt dies vermutlich an undichten Verschlüssen, weil entweder die Verschlüsse schief auf den Flaschen sitzen, die Dichtungsgummis porös oder die Drahtbügel ausgeleiert sind. In diesem Fall genügt es, das schale Bier beim Einschenken mit dem spritzigen Bier aus einer anderen Flasche zu verschneiden. Für die Zukunft sollten Sie aber die Flasche oder das Dichtungsgummi austauschen, oder den Drahtbügel nachbiegen, damit er strammer sitzt.

Ist der gesamte Sud betroffen, dann müssen Sie überlegen, ob es für die Gärung an Wärme oder an vergärbarem Zucker gefehlt hat. Stellen Sie daher zunächst die Flaschen an einen Ort mit mindestens 20 °C. Wenn sich das Bier erwärmt hat, schütteln Sie jede Flasche kurz, damit der Bodensatz (die Hefe) aufgewirbelt wird und lassen Sie sie einige Tage lang ruhen und gegebenenfalls nachgären. Das Schütteln ist zwar ungünstig und sollte normalerweise unterbleiben, in diesem Fall machen wir aber eine Ausnahme.

Ist das Bier einige Tage nach dem Schütteln trotz des wärmeren Standorts noch immer schal, fehlt es an vergärbarem Zucker. Nun müssen Sie mit Malzextrakt oder Zucker nachhelfen. Da Malzextrakt vermutlich gerade nicht vorrätig ist, nehmen Sie gewöhnlichen Haushaltszucker. Die erprobtermaßen einfachste und schnellste Vorgehensweise geht so: Bereiten Sie den Gäreimer mit Auslaufhahn und Abfüllrohr vor. Geben Sie den Inhalt sämtlicher Flaschen hinein. Mischen Sie pro Liter Bier sieben Gramm Zucker sorgfältig unter. Füllen Sie das Bier gleich wieder in die Flaschen. Und nun lassen Sie das Bier einige Tage lang bei der erforderlichen Mindesttemperatur stehen. Dann sollte es spritzig genug sein und kann getrunken werden, sofern es bereits ausgereift ist.

Achtung

Versuchen Sie keinesfalls, Zucker in jede einzelne Flasche zu geben. Das funktioniert nicht, weil der Schaum schneller geschossen kommt, als Sie den Verschluss auf die Flasche kriegen, wodurch Sie eine ziemliche Sauerei und größere Bierverluste zu beklagen haben.

Wie gesagt: Erprobtermaßen (!) macht das oben geschilderte Verfahren die geringste Arbeit und minimiert etwaige Verluste. Es ist jedoch immer bedenklich, wenn Bier mit Sauerstoff in Berührung kommt, weil dann schnell ein Oxidationsprozess einsetzt, unter dem das Bier leidet. Wenn Sie also Bier – wie beschrieben – mit Zucker versetzen, arbeiten Sie zügig.

Sorgen Sie mit milden Temperaturen für günstige Gärbedingungen, denn sobald die Gärung (wieder) auflebt, schützt das aufsteigende Kohlendioxid das Bier vor Sauerstoff.

Volldampf auf den Flaschen

Nicht gar so selten ist ein erhöhter Druck auf den Flaschen, welcher auf zu frühes Abfüllen und daher eine zu intensive Nachgärung schließen lässt. Meist kommt der Schaum beim Öffnen der Flasche mehr oder weniger wild geschossen (den Effekt nennt man *Gushing* – bei extremem Überdruck können sogar Flaschen bersten). Weil nur Schaum aus der Flasche läuft, ist das Glas schnell voll, die Flasche aber auch immer noch – und es wird immer mehr. Panik kommt auf. Wohin so schnell mit dem übermäßig sprudelnden Schaum?

Erste Notmaßnahme: Verschließen Sie die Flasche und lassen Sie den Inhalt sich beruhigen. Beim erneuten Öffnen sollten Sie allerdings einen Lappen über den Verschluss decken, damit nicht die Umgebung eine Bierdusche abbekommt. Wer diesen Rat nicht befolgt, wird schnell merken, was ich meine.

Zweite Maßnahme: Stellen Sie das Bier kalt. Bei niedrigeren Temperaturen löst sich die Kohlensäure besser im Bier und entweicht nicht so abrupt. Durch eine forcierte Kühlung können Sie das Problem vielleicht schon beheben.

Wenn bessere Kühlung nicht ausreicht, müssen Sie die Flaschen lüften, solange erforderlich. Wenn die Flaschen beim Öffnen laut knallen oder scharf zischen, ist es erforderlich. Das Lüften geht relativ schnell und einfach, zwingt Sie aber, auf den Genuss des Bieres noch ein wenig zu warten. Halten Sie Ihre Hand über den Flaschenverschluss (damit er unter Kontrolle bleibt), drücken Sie mit Zeige- und Mittelfinger von hinten kurz gegen die Scharniere des Bügelverschlusses (nun knallt oder zischt es) und verschließen Sie den Bügel mit dem Daumen von vorne sofort wieder. Das darf pro Flasche keine Sekunde dauern, sonst ist der Schaum schneller. Pro Kiste brauchen Sie nicht länger als eine halbe Minute. Um den Überdruck zügig loszuwerden, können Sie ruhig zweimal am Tag lüften (morgens und abends). Zwischendrin muss sich das Bier immer wieder beruhigen.

Vermeiden Sie Transporte. Erfahrungsgemäß reagiert selbst gebrautes Bier empfindlich auf Erschütterungen und größere Temperaturschwankungen, wie sie bei Transporten unvermeidlich sind.
Das Bier braucht danach mindestens zwei Tage Ruhe.

Wenn das Problem mit dem hohen Druck regelmäßig auftritt, warten Sie mit dem Schlauchen nach der Hauptgärung in Zukunft etwas länger oder reduzieren Sie die Speisemenge (oder beides).

Sicherheitshalber können Sie die ersten Flaschen eines Sudes im Freien öffnen, wo überschäumendes Bier nicht soviel Schaden anrichtet.

Tipp

Sie können während der Reifezeit nach etwa zwei oder drei Wochen schon einmal testen, ob das Lüften erforderlich ist. Öffnen Sie einfach zwei Flaschen nach dem beschriebenen Verfahren und verschließen sie gleich wieder. Wenn es knallt oder zischt, lüften Sie den gesamten Sud. Wenn Sie später einen erneuten Test unternehmen, lüften Sie nicht die beiden bereits getesteten Flaschen, sondern zwei andere.

Und: Lüften Sie nicht, wenn es nicht nötig ist. Dann wird das Bier nämlich schal.

Die Bürokratie

Sie haben tatsächlich den verwegenen Plan gefasst, Bier brauen zu wollen. Und nun glauben Sie, das geht so einfach – einfach so, meine ich? Von wegen!

Bier

Zunächst ist zu definieren, was Bier überhaupt ist – sonst könnte ja jeder kommen – und zu diesem Zweck gibt es das *Vorläufige Biergesetz vom 29. Juli 1993* mit dem einschlägigen § 9:

(1) Zur Bereitung von untergärigem Bier darf, abgesehen von den Vorschriften in den Absätzen 4 bis 6, nur Gerstenmalz, Hopfen, Hefe und Wasser verwendet werden.
Die Bereitung von obergärigem Bier unterliegt der selben Vorschrift; es ist hierbei jedoch auch die Verwendung von anderem Malz und die Verwendung von technisch reinem Rohr-, Rüben- oder Invertzucker sowie von Stärkezucker und aus Zucker der bezeichneten Art hergestellten Farbmitteln zulässig.

(2) Unter Malz wird alles künstlich zum Keimen gebrachte Getreide verstanden.

(3) Die Verwendung von Färbebieren, die nur aus Malz, Hopfen, Hefe und Wasser hergestellt sind, ist bei der Bierbereitung gestattet, unterliegt jedoch besonderen Überwachungsmaßnahmen.

(4) An Stelle von Hopfen dürfen bei der Bierbereitung auch Hopfenpulver oder Hopfen in anderweit zerkleinerte Form oder Hopfenauszüge verwendet werden, sofern diese Erzeugnisse den nachstehenden Anforderungen entsprechen:
1. Hopfenpulver und anderweit zerkleinerter Hopfen sowie Hopfenauszüge müssen ausschließlich aus Hopfen gewonnen sein. (...)

(5) Die Hopfenauszüge dürfen der Bierwürze nur vor Beginn oder während der Dauer des Würzekochens beigegeben werden.

(6) Als Klärmittel für Würze und Bier dürfen nur solche Stoffe verwendet werden, die mechanisch oder adsorbierend wirken und bis auf gesundheitlich, geruchlich und geschmacklich unbedenkliche, technisch unvermeidbare Anteile wieder ausgeschieden werden. (...)

(8) Die Vorschriften in den Absätzen 1 und 2 finden keine Anwendung für diejenigen Brauereien, die Bier nur für den Hausbedarf herstellen (Hausbrauer).

Jetzt wissen wir also, was *Bier im Sinne des Gesetzes* ist – eine präzisere Definition scheint es nicht zu geben.
Kommen wir damit zur Steuer, die darauf entrichtet werden muss, sowie zu allem, was Sie sonst noch so erwartet.

Biersteuer

Grundsätzliches regelt zunächst das *Biersteuergesetz vom 21. Dezember 1993* (BierStG). § 2 bestimmt, dass für Bier eine Steuer in Höhe von DM 1,54 (umgerechnet 0,787 Euro) je Grad Plato und Hektoliter zu entrichten ist. *Grad Plato* ist die Stammwürze, auf den ganzzahligen Wert abgerundet. Zwar müssen kleine Brauereien reduzierte Steuersätze bezahlen – bis zu einer Jahreserzeugung von 5000 Hektoliter Bier etwas mehr als den halben Steuersatz und dann pro zusätzliche 1000 Hektoliter steigend, wie in der *Liste der ermäßigten Steuersätze ab 1. Januar 2004* geregelt – aber dies gilt nur für unabhängige (gewerbliche) Brauereien, nicht für Hobbybrauer.

Doch halt! Wie ich im Januar 2006 – weniger als eine Woche vor dem Redaktionsschluss für dieses Buch – von meinem Hauptzollamt erfuhr, soll eine neue und bundesweit einheitliche Regelung besagen, dass Hobbybrauer doch in den Genuss des ermäßigten Steuersatzes kommen. Das sind pro Grad Plato und Hektoliter 0,4407 (statt 0,787) Euro. Ab 5000 Hektolitern steigt auch für Hobbybrauer der Steuersatz gemäß der erwähnten Liste. Dies gebe ich unter Vorbehalt weiter. Fragen Sie bei Bedarf bei Ihrem persönlichen Hauptzollamt nach.

§ 3 (3) BierStG ermächtigt den Bundesminister der Finanzen, „durch Rechtsverordnung mit Zustimmung des Bundesrates Bier, das von Haus- und Hobbybrauern in ihren Haushalten ausschließlich zum eigenen Verbrauch bereitet wird, bis zu einer Menge von 2 hl im Kalenderjahr von der Steuer zu befreien".

§2 *der Biersteuer-Durchführungsverordnung vom 24. August 1994* zeigt uns schließlich, dass wir dem Gesetzgeber tatsächlich nicht egal sind:

(1) Bier, das von Haus- und Hobbybrauern in ihren Haushalten ausschließlich zum eigenen Verbrauch bereitet und nicht verkauft wird, ist von der Steuer bis zu einer Menge von 2 Hektoliter im Kalenderjahr befreit. Bier, das von Hausbrauern in nicht gewerblichen Gemeindebrauhäusern hergestellt wird, gilt als in den Haushalten der Hausbrauer hergestellt.

(2) Haus- und Hobbybrauer haben den Beginn der Herstellung und den Herstellungsort dem Hauptzollamt vorab anzuzeigen. In der Anzeige ist die Biermenge anzugeben, die voraussichtlich im Kalenderjahr erzeugt wird. Das Hauptzollamt kann Erleichterungen zulassen.

Wichtig

Als Hobbybrauer müssen Sie vor Beginn Ihrer Tätigkeit und in jedem Jahr neu dem zuständigen Hauptzollamt formlos mitteilen, dass Sie Bier herzustellen gedenken, wo Sie dies tun (normalerweise im eigenen Haushalt), und welche Menge Sie in dem Kalenderjahr zu brauen beabsichtigen. Bei der ersten Anmeldung werden Sie eine Bestätigung vom Hauptzollamt erhalten mit dem Hinweis, dass Sie fortan der Steueraufsicht unterliegen.

Steueraufsicht? Da steigt doch gleich das Selbstwertgefühl. Tatsächlich können wir froh sein, dass wir überhaupt brauen dürfen. Bis 1987 gab es sehr viel restriktivere Regeln.

200 Liter pro Haushalt sind steuerfrei, doch sobald der Hobbybrauer mehr als 200 Liter im Jahr braut, muss er die gesamte Biermenge – auch die ursprünglich steuerfreien 200 Liter – versteuern. Dann fällt also ein Steuersatz von besagten 0,4407 Euro pro Hektoliter und Grad Plato an.

Wichtig

Wenn Sie beispielsweise 250 Liter Bier mit einer Stammwürze von 12,4 Prozent brauen, beträgt Ihre Steuerschuld am Jahresende 2,5 (Hektoliter) x 12 (Grad Plato) x 0,4407 (ermäßigter Steuersatz) = 13,22 Euro, also etwa fünf Cent pro Liter Bier.

Aber das ist nur ein Beispiel. Da die Stammwürze normalerweise schwankt, muss die Steuer für jeden Sud gesondert berechnet und aufsummiert werden.

Sollten Sie tatsächlich Biersteuer zahlen müssen und wollen, erkundigen Sie sich bei Ihrem persönlichen Hauptzollamt nach den aktuellen Regularien. Das ist erforderlich, weil das Verfahren nicht einheitlich gehandhabt wird. Manche Hauptzollämter verlangen etwa, dass jeder einzelne Sud vor dem Brauen angemeldet wird.

Dieser ganze Verwaltungsaufwand ist natürlich mit Kosten verbunden, obwohl die allermeisten Hobbybrauer unter der Freigrenze liegen und keine Biersteuer zahlen.

Ach, könnten wir unser Bier doch Wein nennen! Eine Weinsteuer gibt es nämlich nicht – obwohl Wein leicht doppelt soviel Alkohol enthält wie Bier. Denn 1926, nach dem Winzeraufstand an der Mosel und der Erstürmung des Finanzamts in Bernkastel wurde die Reichsweinsteuer abgeschafft und später auf Bundesebene keine Weinsteuer mehr eingeführt.

Da haben die Brauer wohl geschlafen...

Rezepte

Hier nun einige Rezepte für gängige Biere. Sie sollten eigentlich selbsterklärend sein. Alle Details können Sie weiter vorne nachlesen. Bedenken Sie aber, dass Rezepte immer nur eine Orientierung bieten und bei Bedarf abgewandelt werden können.

Wichtig

Diese und weitere Rezepte finden Sie auch auf meiner Website (www.hagenrudolph.de). Änderungen der Rezepte, die sich nach Fertigstellung dieses Buches aufgrund neuer Erkenntnisse ergeben, sind dort ebenfalls nachzulesen.

Trotzdem zur Erinnerung noch einmal einige knappe Hinweise:

WASSER

Bis zu einer Gesamthärte von 10 °dH können Sie unbehandeltes Leitungswasser verwenden. Bei höheren Werten mag eine Aufbereitung des Wassers nötig sein. Ausführliche Informationen dazu finden Sie in meinem Buch „Heimbrauen für Fortgeschrittene".

MALZ

Kleinere oder größere Variationen der Malzgabe sind zulässig, führen aber natürlich zu anderen Ergebnissen. Mehr Malz erhöht die Stammwürze. Das Bier wird stärker (mehr Alkohol), vollmundiger und süßer. Dunklere Malze bzw. eine Erhöhung ihres Anteils machen das Bier dunkler.

HOPFEN

Angegeben ist immer die Gesamtmenge. Davon sind zwei Drittel zum Beginn des 90-minütigen Kochens und ein Drittel zehn Minuten vor Kochende zuzugeben. Ausschlaggebend für die Dosierung des Hopfens ist der Bitterstoffgehalt (Prozent Alphasäure). Weicht der vom im Rezept genannten Wert ab, können Sie die Menge einfach nach Dreisatz umrechnen. Wenn Sie statt der Pellets Dolden verwenden, müssen Sie die Gabe um etwa zehn Prozent erhöhen.

HEFE

Trockenhefe (jeweils 1 Päckchen pro Sud) muss etwa eine Stunde vor dem Anstellen rehydriert (gärfähig gemacht) werden. Frischhefe wird so verwendet, wie sie ist, sofern der Hersteller keine andere Behandlung vorsieht. Richten

Sie sich in jedem Fall unbedingt nach den Vorgaben des Herstellers und bedenken Sie, dass Temperaturangaben auf manchen Produkten in °F (Grad Fahrenheit) erfolgen.
Die folgenden Formeln erleichtern das Umrechnen:

$$\text{Temperatur Celsius} = \frac{\text{Temperatur Fahrenheit} - 32}{1{,}8}$$

$$\text{Temperatur Fahrenheit} = \text{Temperatur Celsius} \times 1{,}8 + 32$$

→ 0 °C = 32 °F → 10 °C = 50 °F → 20 °C = 68 °F → ±1 °C = ±1,8 °F

Pilsener

Pilsener ist ein hell-goldfarbenes Bier mit vorherrschendem Hopfengeschmack und feinporigem Schaum. Es wird mit besonders weichem Wasser gebraut.

Pilsener (20 Liter)

Zutaten:
4,1 kg Pilsner Malz
50 g Hopfen (Pellets, 8 % Alphasäure)
Hauptguss: 16 l Wasser
Nachguss: 14 l Wasser
Untergärige Hefe

So geht's:
Einmaischen bei 50 °C
Eiweißrast (wenn gewünscht): 15 Minuten bei 55 °C
Maltoserast: 40 Minuten bei 64 °C
1. Verzuckerungsrast: 20 Minuten bei 72 °C
2. Verzuckerungsrast: 20 Minuten bei 78 °C

Stammwürzegehalt ca. 12 %
Reifezeit mindestens 6 Wochen

Märzen

Märzen ist ein weiches, malzbetontes, körperreiches, kräftiges, süffiges Bier mit einer leichten Hopfenbittere. Es ist deutlich dunkler als ein Pilsener und soll etwas mehr Alkohol enthalten.

Märzen (20 Liter)

Zutaten:
4,4 kg Pilsner Malz
200 g Karamellmalz dunkel
90 g Hopfen (Pellets, 4 % Alphasäure)
Hauptguss: 14 l Wasser
Nachguss: 16 l Wasser
Untergärige Hefe

So geht's:
Einmaischen bei 35 °C
Eiweißrast (wenn gewünscht): 15 Minuten bei 55 °C
Maltoserast: 30 Minuten bei 64 °C
1. Verzuckerungsrast: 20 Minuten bei 72 °C
2. Verzuckerungsrast: 20 Minuten bei 78 °C

Stammwürzegehalt ca. 13 %
Reifezeit mindestens 5 Wochen

Spezial (Festbier)

Spezial oder Festbier ist ein malzaromatisches Lagerbier, hellgelb bis bernsteinfarben, kräftig und ein wenig süß.

Spezial (Festbier) (20 Liter)

Zutaten:
2,5 kg Pilsner Malz
2 kg Münchner Malz
60 g Hopfen (Pellets, 6 % Alphasäure)
Hauptguss: 15 l Wasser
Nachguss: 15 l Wasser
Untergärige Hefe

So geht's:
Einmaischen bei 40 °C
Eiweißrast (wenn gewünscht): 15 Minuten bei 55 °C
Maltoserast: 35 Minuten bei 64 °C
1. Verzuckerungsrast: 20 Minuten bei 72 °C
2. Verzuckerungsrast: 20 Minuten bei 78 °C

Stammwürzegehalt ca. 13 %
Reifezeit mindestens 5 Wochen

Bock

Bockbier ist ein vollmundiges Starkbier, goldbraun bis dunkelbraun. Bockbier muss mindestens 16 Prozent Stammwürze haben, Doppelbock mindestens 18 Prozent.

Bock hell (20 Liter)

Zutaten:
6 kg Pilsner Malz
100 g Hopfen (Pellets, 4 % Alphasäure)
Hauptguss: 16 l Wasser
Nachguss: 16 l Wasser
Untergärige Hefe

So geht's:
Einmaischen bei 45 °C
Eiweißrast (wenn gewünscht): 15 Minuten bei 55 °C
Maltoserast: 45 Minuten bei 64 °C
1. Verzuckerungsrast: 20 Minuten bei 72 °C
2. Verzuckerungsrast: 20 Minuten bei 78 °C

Stammwürzegehalt ca. 16 %
Reifezeit mindestens 7 Wochen

Weizenbier

Weizen oder Weißbier ist ein hefetrübes, spritziges Bier mit einem fruchtigen und würzigen Geschmack.

Weizen hell (20 Liter)

Zutaten:
1,7 kg Pilsner Malz
2,5 kg Weizenmalz
80 g Hopfen (Pellets, 4 % Alphasäure)
Hauptguss: 16 l Wasser
Nachguss: 14 l Wasser
Obergärige Hefe

So geht's:
Einmaischen bei 35 °C
Eiweißrast (wenn gewünscht): 15 Minuten bei 55 °C
Maltoserast: 35 Minuten bei 64 °C
1. Verzuckerungsrast: 20 Minuten bei 72 °C
2. Verzuckerungsrast: 20 Minuten bei 78 °C

Stammwürzegehalt ca. 12 %
Reifezeit 2-3 Wochen

Weizen dunkel (20 Liter)

Dunkles Weizenbier ist natürlich dunkler und oft auch malzbetonter als helles Weizen.

Zutaten:
2 kg Pilsner Malz
2 kg Weizenmalz dunkel
300 g Karamellmalz
80 g Hopfen (Pellets, 4 % Alphasäure)
Hauptguss: 14 l Wasser
Nachguss: 16 l Wasser
Obergärige Hefe

So geht's:
Einmaischen bei 35 °C
Eiweißrast (wenn gewünscht): 15 Minuten bei 55 °C
Maltoserast: 40 Minuten bei 64 °C
1. Verzuckerungsrast: 20 Minuten bei 72 °C
2. Verzuckerungsrast: 20 Minuten bei 78 °C

Stammwürzegehalt ca. 12 %
Reifezeit 3-4 Wochen

Altbier

Altbier ist ein dunkles, hopfenbetontes, obergäriges Bier.

Altbier (20 Liter)

Zutaten:
3,2 kg Münchner Malz
1 kg Weizenmalz dunkel
40 g Röstmalz
50 g Hopfen (Pellets, 8 % Alphasäure)
Hauptguss: 14 l Wasser
Nachguss: 16 l Wasser
Obergärige Hefe

So geht's:
Einmaischen bei 40 °C
Eiweißrast (wenn gewünscht): 15 Minuten bei 55 °C
Maltoserast: 35 Minuten bei 64 °C
1. Verzuckerungsrast: 20 Minuten bei 72 °C
2. Verzuckerungsrast: 20 Minuten bei 78 °C

Stammwürzegehalt ca. 12 %
Reifezeit mindestens 6 Wochen

Kölsch

Kölsch ist ein ganz hellgelbfarbenes, hopfenbetontes und ebenfalls obergäriges Bier.

Kölsch (20 Liter)

Zutaten:
3,2 kg Pilsner Malz
1 kg Weizenmalz hell
60 g Hopfen (Pellets, 6 % Alphasäure)
Hauptguss: 16 l Wasser
Nachguss: 14 l Wasser
Obergärige Hefe

So geht's:
Einmaischen bei 50 °C
Eiweißrast (wenn gewünscht): 15 Minuten bei 55 °C
Maltoserast: 40 Minuten bei 64 °C
1. Verzuckerungsrast: 20 Minuten bei 72 °C
2. Verzuckerungsrast: 20 Minuten bei 78 °C

Stammwürzegehalt ca. 12 %
Reifezeit mindestens 5 Wochen

Schlusswort

Mit den Ausführungen in diesem Buch sind Sie hoffentlich für das Brauen gut gerüstet. Nun lassen Sie den Brautag entspannt angehen und machen Sie sich keinen Stress. Sie werden sehen: Brauen ist tatsächlich ganz einfach. Sollten dennoch akute oder scheinbar unüberwindliche Probleme auftauchen – für Notfälle gibt es die „heiße Bierleitung“: Rufen Sie mich an oder schicken Sie eine Mail.

Und falls wir uns bei den einmal im Jahr stattfindenden Heimbrautagen begegnen, der wichtigsten Veranstaltung für Hobbybrauer in Deutschland, lassen Sie mich wissen, wie das alles bei Ihnen funktioniert hat. Kommen Sie ruhig vorbei. Der Gedanken- und Erfahrungsaustausch mit Gleichgesinnten lohnt sich. Mehr über die Heimbrautage und die Vereinigung der Haus- und Hobbybrauer in Deutschland e.V. (VHD) erfahren Sie auf der Website „www.hausgebraut.de“.

Schön jedenfalls, dass das zwischenzeitlich fast ausgestorbene Hobbybrauen wieder neue Anhänger gefunden hat!

Quellen

Literatur

Barth, Heinrich Joh./Klinke, Christiane/Schmidt, Claus: Der große Hopfenatlas
Verlag Hans Carl, Nürnberg 1994

Hanghofer, Hubert: Bier brauen nach eigenem Geschmack
BLV Verlagsgesellschaft, München 1999

Heyse, Karl-Ullrich (Hrsg.): Handbuch der Brauerei-Praxis
3. Aufl., Verlag Hans Carl, Nürnberg 1995

Narziß, Ludwig: Abriss der Bierbrauerei
6. Aufl., Ferdinand Enke Verlag, Stuttgart 1995

Rudolph, Hagen: Selber Bier brauen – Midena Verlag, Augsburg 1999

Rudolph, Hagen: Heimbrauen für Fortgeschrittene
Verlag Hans Carl, Nürnberg 2002

Schulters, Johannes/Knab, Martin: Bierologie – Verlag Hans Carl, Nürnberg 1999

Paragraphen im Internet

Wer sich im Internet über die hier zitierten Paragraphen genauer informieren will, findet sie unter:

http://bundesrecht.juris.de/bierstg_1993/index.html

http://bundesrecht.juris.de/bierstv/index.html

http://www.zoll.de/b0_zoll_und_steuern/b0_verbrauchsteuern/h0_biersteuer/b0_hoehe_der_biersteuer/steuersaetze.pdf

http://www.weizenglas-sammler.de/geschichte/biergesetz_tet.html

DVD

Rudolph, Hagen: Selber Bier brauen – Filmatelier Rudolph, Dahlenburg 2005

Der Autor

Dr. Hagen Rudolph • Am Mittelfeld 44 • 21368 Dahlenburg
Tel.: 05851/60 111 • Mobil: 0171/321 32 31 • eMail: info@hagenrudolph.de

Bezugsquellen

Brau-Partner Firma K. Kling
Alles für Gastro-, Haus- und Hobbybrauer
(Hobbybrauversand)
Neckargartacher Str. 47
74080 Heilbronn
Tel.: 07131/4 53 53
Fax: 07131/4 15 60
eMail: info@braupartner.de
Website: http://www.braupartner.de

Claudia Ehlebracht
Kellereibedarf
„Bier, Wein, Schnaps und Käse selber machen!"
Website: http://www.heimbier.de
Tel.: 0421/21 12 49
Achtung:
Reines Versandunternehmen,
kein Haus- oder Lagerverkauf!

Mich. Weyermann GmbH & Co. KG
Brau-, Röst- und Caramelmalzfabrik
(Brau-, Röst- und Caramelmalz, Malzextrakt)
Brennerstr. 17-19
96052 Bamberg
Tel.: 0951/93 220 16
Fax: 0951/93 220 916
eMail: info@weyermann.de
Website: http://www.weyermann.de

Promille
Uwe Roselieb
Im Hohen Feld 5
31020 Salzhemmendorf
Tel.: 05153/96 36 46
eMail: info@promille.de
Website: http://www.promille.de
Achtung:
Reines Versandunternehmen,
kein Haus- oder Lagerverkauf!

Weitere Bezugsquellen können Sie beim Autor erfragen – oder nutzen Sie die Links auf seiner Website www.hagenrudolph.de

MICH. WEYERMANN

Brau-, Röst- und Caramelmalzfabrik

Brennerstraße 17-19
D-96052 Bamberg
Telefon: +49-(0)951-93 220-16
Fax: +49-(0)951-93 220-916

e-mail: info@weyermann.de
www.weyermann.de

Seit über 10 Jahren sind wir für Sie da !

www.promille.de

Über 3000 Artikel zum Bierbrauen und zur Weinherstellung

Pro/mille/oo

Promille
Uwe Roselieb
Im Hohen Feld 5
31020 Salzhemmendorf
OT Oldendorf

info@promille.de

Tel./Fax:
0700 77664553 = 0700 PROMILLE

Heimbrauen für Fortgeschrittene

Ein Buch für Bierfreunde und Genießer

Hagen Rudolph
136 Seiten, 24 Abbildungen, kartoniert

12,90 Euro

ISBN 3-418-00789-9

Preisänderungen vorbehalten.
Beziehbar über den Buchhandel oder direkt über die Fachbuchhandlung Hans Carl.

Kümmern Sie sich um Ihr eigenes Bier – werden Sie Ihr eigener Braumeister!

Der Autor Hagen Rudolph schließt mit „Heimbrauen für Fortgeschrittene" die Lücke zwischen den Ratgebern für Neueinsteiger und der wissenschaftlichen Fachliteratur. Der Leser kann auf den Grundlagen aus „Heimbrauen" aufbauen und sein Wissen über die Kunst des Brauens vertiefen.

Die vom Autor selbst entworfenen Tabellen und Übersichten helfen, auch komplexe Zusammenhänge auf einen Blick zu begreifen.

Praktische Brautipps und eine Reihe neuer Rezepte sorgen schließlich dafür, dass der Hobbybrauer in den eigenen vier Wänden nun auch internationale Bierspezialitäten wie Irish Stout oder Rauchbier herstellen oder seine Gäste mit ganz eigenen Kreationen überraschen kann.

HANS CARL

„Heimbrauen für Fortgeschrittene" erhalten Sie im Buchhandel.
Tel. 0911/9 52 85-31, Fax: 0911/9 52 85-81 42
Internet: www.hanscarl.com

Register